los
Aztecas

POR LA SUPERACIÓN DEL SER HUMANO Y SUS INSTITUCIONES

los Aztecas

historia, arte, arqueología y religión

Elizabeth Baquedano

 PANORAMA EDITORIAL

LOS AZTECAS

Portada:
Dibujo: Heraclio Ramírez

Fotografías:
Ramiro Romo D., Elizabeth Baquedano,
Irmgard Groth, Walter Reuter
Guillermo Aldana, Enrique Franco Torrijos
y Arturo Braun
INAH

Primera edición: 1992
Decimatercera reimpresión: 2003
© Panorama Editorial, S.A. de C.V.
   Manuel Ma. Contreras 45-B
   Col. San Rafael 06470 - México, D.F.

Tels.: 55-35-93-48 • 55-92-20-19
Fax: 55-35-92-02 • 55-35-12-17
e-mail: panorama@iserve.net.mx
http://www.panoramaed.com.mx

Printed in Mexico
Impreso en México
ISBN 968-38-0304-0

A
Aidan

Indice

INTRODUCCION 11
PANORAMA HISTORICO 13
MEXICO ANTES DE LA-LLEGADA DE LOS
AZTECAS 15
PERIODO DE PEREGRINACION 22
LOS COMIENZOS DE TENOCHTITLAN 26
PERIODO DE CONSOLIDACION EN EL
VALLE DE MEXICO 27
MITO DEL NACIMIENTO DE
HUITZILOPOCHTLI 34
LA ETNIA AZTECA Y SU INDUMENTARIA .. 43
ASPECTO FISICO 45
LIMPIEZA PERSONAL 46
LA BELLEZA FEMENINA 47
LA VESTIMENTA 48
LAS PRENDAS FEMENINAS 50
QUECHQUEMITL 51
LAS PRENDAS DE LOS GUERREROS 53
    Tlahuiztli 53
LA EDUCACION 57
LA EDUCACION FORMAL 60
LA RELIGION 63
RELIGION 65
LA CREACION 68
LOS DIOSES 74
EL TEMPLO MAYOR DE TENOCHTITLAN . 83
ANTECEDENTES 85
EL TEMPLO MAYOR COMO CERRO
SAGRADO 91

índice

ETAPAS CONSTRUCTIVAS DEL TEMPLO MA-
YOR 92
   Etapa II 92
   Etapa III 92
   Etapa IV 94
   Etapa V 96
   Etapa VI 96
   Etapa VII 96
OFRENDAS 98
   Contenido de las ofrendas 100
   Dioses recurrentes en las ofrendas 100
URNAS FUNERARIAS, RESTOS HUMANOS .. 102
VASIJAS ENCONTRADAS EN LAS OFRENDAS
DEL TEMPLO MAYOR 102
LO QUE LAS OFRENDAS CONFIRMARON .. 102
LA PRESENCIA COLONIAL 103
SIMBOLISMO DEL TEMPLO MAYOR 103
EL ARTE 109
LA ESCULTURA AZTECA 111
EL PAPEL DE LA ESCULTURA
AZTECA METROPOLITANA 114
CARACTERISTICAS DE LA ESCULTURA
AZTECA EN BULTO 116
INFLUENCIAS DEL ESTILO ESCULTORICO
DE XOCHICALCO EN EL ARTE AZTECA ... 117
INFLUENCIAS DE LA MIXTECA-PUEBLA ... 118
   Grupos de símbolos más comunes 120
INFLUENCIA TOLTECA EN LA
ESCULTURA AZTECA 120

índice

INFLUENCIA TOLTECA DESDE EL PUNTO
DE VISTA CONSTRUCTIVO 122
  Coatepantli 122
  Tzompantli 122
DIFERENCIAS ENTRE LA ESCULTURA
TOLTECA Y LA AZTECA 122
ESCULTURAS AZTECAS MAS
FRECUENTEMENTE REPRESENTADAS 124
PORTAESTANDARTES 127
LOS HOMBRES EN EL ARTE MEXICA 128
REPRESENTACIONES DE GUERREROS 130
LAS REPRESENTACIONES ZOOMORFAS 132
REPRESENTACIONES DE PLANTAS 134
XIUHMOLPILLIS O ATADURAS DE AÑOS .. 135
CENTROS DE CAPACITACION ARTISTICA
EN EL VALLE DE MEXICO 136
**MATERIALES UTILIZADOS EN LA
MANUFACTURA DE LAS IMAGENES AZTECAS** 139
OBSIDIANA 140
MADERA 140
IMAGENES HECHAS CON SEMILLAS
DE AMARANTO 142
LOS BARRIOS ARTESANALES 143
ORFEBRERIA 145
TECNICA DE LA CERA PERDIDA 145
LA PINTURA AZTECA 147
ARTE PLUMARIO 151
MANUFACTURA DE LOS MOSAICOS
DE PLUMA 152

índice

EL MOSAICO 156

MANUFACTURA DEL MOSAICO 157

LA ARQUITECTURA 161

TEPOZTLAN 162

MALINALCO 162

TETZCOTINZINGO 164

CALIXTLAHUACA 165

TENAYUCA 166

SANTA CECILIA ACATITLAN 166

EL CODICE MENDOZA Y EL TRIBUTO 168

GLOSARIO 171

BIBLIOGRAFIA 177

Introducción

Los aztecas estaban en el clímax de su florecimiento cuando llegaron los españoles a México en el siglo XVI. No tenían mucho de existir en el panorama histórico, sólo algunos cientos de años; sin embargo, su cultura fue sin duda una de las más brillantes del México Antiguo. Civilización ecléctica, supo tomar lo mejor de las diferentes culturas mesoamericanas con las que estuvo en contacto para dar a sus rasgos culturales o una tremenda rudeza o una delicadeza impresionante. Los españoles describieron con asombro sus edificios, la propiedad y el orden de sus ciudades, y con horror sus ritos y prácticas religiosas.

No se puede negar que la arqueología ha desenterrado muchos de los secretos de las esculturas olmeca, teotihuacana, maya y tolteca por ejemplo; sin embargo, el conocimiento de la arqueología azteca siempre nos ha sido revelado de manera accidental: al construir edificios, al empedrar calles, al construir el metro, o recientemente (1978) al instalar unos transformadores eléctricos en el centro de la Ciudad de México; una nueva época empezó en la historia de la arqueología azteca, al iniciarse de manera metodológica las excavaciones del Templo Mayor, el centro religioso azteca más importante. A raíz de ese descubrimiento ha podido compararse el dato histórico con el arqueológico, cotejar los escritos de los conquistadores y cronistas con los restos materiales de sus creadores, se ha podido comprobar el poderío azteca, la forma en que las diferentes regiones pagaban el tributo, la manera de ofrendar los hombres a los dioses y los objetos ofrendados, la presencia de otros pueblos y su influencia. Si bien pueden escribirse tomos enteros sobre historia, arte y arqueología azteca la idea en éste, es dar un panorama general de los temas anteriores y su interrelación. A fin de cuentas la civilización azteca, sólo puede entenderse en su contexto histórico del que después se desprenden sus grandes alcances culturales.

Panorama histórico

México antes de la llegada de los aztecas

Los aztecas* fueron los herederos culturales de muchas otras culturas mesoamericanas, incluyendo a los olmecas que fueron los primeros en erigir centros ceremoniales de grandes proporciones, con una arquitectura elaborada y una escultura colosal, entre los años 1250 y 400 A.C. Los olmecas fueron también aparentemente los primeros en mostrar una preocupación por el cómputo del tiempo y en inventar un sistema de escultura empleando jeroglíficos.

Tabla cronológica

Periodo	Cultura
20000 A.C. Hombre primitivo	
6000 A.C. Principios de la agricultura	
2000 A.C. Preclásico o Formativo	Olmeca 1250 A.C. Maya 400 A.C.
250 D.C. Clásico	Teotihuacana 1 - 700 D.C.
900 - 1519 D.C. Postclásico	Tolteca 900 - 1187 D.C. Azteca 1325/1345 - 1519 D.C.

* El término *azteca* se usará en este libro para hacer referencia colectiva a los habitantes del Valle de México durante la época Postclásica.

Cabeza colosal de piedra.
Cultura olmeca, Xalapa, Veracruz.

Los olmecas practicaban también el ritual juego de pelota en canchas especialmente construidas para ese fin. El juego de pelota, junto con otros rasgos culturales formó parte de las diferentes civilizaciones mexicanas, hasta la llegada de los españoles.

Los primeros setecientos años de la Era Cristiana se conocen entre los arqueólogos de Mesoamérica como el periodo Clásico. Durante este periodo, se reconocen varias regiones desarrolladas en México, entre ellas, la civilización que tuvo su centro en Teotihuacan (el lugar donde los hombres se convierten en dioses), considerada como la más notable de México; se encuentra a cincuenta kilómetros de la Ciudad de México y aún perduran, quizá las más impresionantes ruinas de la Época Precolombina. El centro de la ciudad teotihuacana era un área rodeada de palacios y pirámides entre las que sobresalen las llamadas "Pirámide del Sol y de la Luna". Varios de los edificios conservan representaciones de los dioses que más tarde serían venerados por los aztecas: Tlaloc, el dios de la lluvia; Quetzalcoatl, la serpiente emplumada; Chalchiuhtlicue, la diosa del agua; por mencionar sólo algunos. Alrededor del año 650 D.C., Teotihuacan fue destruido, pero su importancia como centro religioso continuó hasta tiempos aztecas. Se sabe que Moctezuma hacía frecuentes peregrinaciones a las ruinas sagradas de esa ciudad.

El periodo Clásico terminó hacia fines del siglo IX, época en que la mayoría de las grandes ciudades también fueron abandonadas, posiblemente como resultado tanto de un colapso agrícola causado por una fuerte sequía, como por una invasión de "bárbaros" proveniente de otras partes de México.

La nueva era, que fue testigo de un cambio dramático en Mesoamérica, se conoce como el periodo Postclásico.

Teotihuacan: Las pirámides del Sol y de la Luna.

Durante esta época aparecen varias culturas, todas ellas de carácter militar; la más importante fue la tolteca, que floreció de 900 a 1179 D.C., y sirvió de puente entre las culturas teotihuacana y azteca. Los toltecas fundaron su capital en Tollan o Tula, en el actual estado de Hidalgo, en el centro de México. Los aztecas consideraban Tula como un lugar de sueño y de leyenda donde según decía su tradición, los palacios estaban cubiertos de oro, plumas de quetzal y turquesas. Parece ser que cuando los aztecas se referían a los toltecas incluían a todas las grandes culturas que habían existido en tiempos remotos y de quienes orgullosamente se sentían herederos:

En verdad eran sabios los toltecas,
sus obras todas eran buenas, todas rectas,
todas bien planeadas, todas maravillosas. . .

Los toltecas eran muy ricos,
eran felices,
nunca tienen pobreza ni tristeza. . .

Los toltecas eran experimentados,
acostumbraban dialogar con su propio corazón.

Conocían experimentalmente las estrellas,
les dieron sus nombres.

Conocían sus influjos,
sabían bien cómo marcha el cielo,
cómo da vueltas. . .

Muchos de sus logros se los atribuyeron a Quetzalcoatl, dios de las artes y de la sabiduría y símbolo en este sentido de la cultura tolteca.

Las fuentes históricas hablan de un hombre llamado Topiltzin-Quetzalcoatl, un gran sacerdote y gobernante de Tula; el nombre significa "Serpiente Emplumada" y la arqueología ha revelado muchas esculturas y frisos de templos con representaciones de la serpiente emplumada y del deificado Quetzalcoatl. Es evidente que la leyenda e historia de Quetzalcoatl están cercanamente entremezcladas. De acuerdo con la leyenda, Quetzalcoatl tenía un rival llamado Tezcatlipoca, "dios de la noche y del Norte", quien quería establecer el culto militar y los sacrificios humanos en oposición al benévolo Quetzalcoatl que había enseñado a la humanidad las artes, la medicina y la astronomía, y solicitaba de los hombres sacrificios que no eran violentos, ofrendas de jade, serpientes y mariposas. A pesar de esto, Tezcatlipoca ganó en la rivalidad y como resultado, Quetzalcoatl tuvo que abandonar Tula en el año 987 D.C.; se fue con sus seguidores, cruzó el Valle de México, pasó entre los volcanes Iztaccihuatl y Popocatepetl y continuó hacia el Golfo de México donde se prendió fuego para renacer como la Estrella Matutina.

En otra fuente histórica se dice que Quetzalcoatl y sus seguidores se echaron a la mar en una balsa hecha de serpientes, dirigiéndose hacia el Oeste y profetizando volver algún día; esta leyenda fue la que recordó Moctezuma II cuando Cortés llegó a México en 1519, en la creencia de que había vuelto Quetzalcoatl como lo había prometido.

Las excavaciones arqueológicas de Tula han confirmado la existencia de un culto guerrero y de la muerte; por ejemplo, los Chac Mooles, con sus recipientes, se cree que fueron usados para contener la sangre de los sacrificados o algún otro tipo de ofrenda relacionada con el sacrificio. Existen también banquetas y frisos que representan jaguares devorando corazones humanos. El águila y el jaguar se convirtieron en los emblemas de las

Escultura que representa a Quetzalcoatl. Cultura tolteca.

Edificio B o Templo de Tlahuizcalpantecuhtli, Tula.

nuevas órdenes guerreras, pues no existe duda alguna que Tula fue el centro del nuevo militarismo, como lo evidencia el *tzompantli* o altar de calaveras. De Tula provienen también una serie de representaciones de dioses que posteriormente fueron adorados por los aztecas: Chicomecoatl, "la diosa del maíz"; Xochiquetzal, "la diosa del amor", entre otras. La ciudad de Tula fue destruida y abandonada por el año 1175 ó 1179; algunos toltecas huyeron a refugiarse al Sur del Valle de México, donde mantuvieron vivas sus tradiciones.

Después del ocaso tolteca, el Valle de México estuvo invadido por una oleada de gente procedente del Norte: los chichimecas. El último grupo chichimeca que llegó al Valle de México fue un grupo nómada conocido como aztecas o mexicas.

Periodo de peregrinación

De acuerdo con algunas fuentes históricas los aztecas (las gentes de Aztlan) salieron de su isla original en el año 1111 ó 1168. No se sabe exactamente dónde se localiza esta isla ya que Aztlan tiene también un carácter semi-legendario. Algunos estudiosos se inclinan a pensar que Aztlan está en la parte Sur de lo que hoy es Estados Unidos, otros creen que Aztlan está en algún lugar del Valle de México, sin embargo, la mayoría de los académicos coinciden en señalar un lugar al Noroeste de México.

Cuando los aztecas comenzaron su peregrinar llevaban un tipo de vida seminómada, pero no eran del todo incivilizados, estaban divididos en siete *calpullis,* hablaban Nahuatl, lengua de las gentes cultas del México

Los aztecas partiendo de Aztlan en 1168 D.C., según el Códice Boturini o Tira de la Peregrinación.

Huitzilopochtli según el Atlas de Durán.

Central, y usaban el mismo calendario ritual, basado
en un ciclo de cincuenta y dos años, que empleaban
todas las culturas mesoamericanas.

Durante el periodo de peregrinación la tribu inicial
mexica se separó de las demás para dirigirse a Coatepec,
cerca de Tula, donde celebraron el primer Fuego Nuevo
(*Xiuhmolpilli* o ligadura de los años), en el año 1143 ó
1163. Esta ceremonia simboliza el fin del ciclo de cincuenta y dos años, que es cuando se da "la atadura
de los años". Precisamente en Coatepec al celebrar el
Fuego Nuevo de acuerdo a la leyenda, nació Huitzilopochtli, su dios tribal que los acompañó y guió durante
su peregrinación.

De Coatepec se encaminaron a Tula, alrededor del
año 1168 y después a Xaltocan, la ciudad más importante del Valle de México en aquel entonces. Siempre
con un carácter temporal se van instalando en varios
lugares hasta detenerse en Tenayuca, importante población habitada por los chichimecas que se habían esta-
blecido en el Valle de México después de la caída de
los toltecas.

El Valle de México estaba ocupado por un grupo de
tribus que formaban pequeñas comunidades, unas más
civilizadas que otras. Después de una peregrinación que
duró doscientos años, los aztecas finalmente se estable-
cieron en México-Tenochtitlan. Los recién llegados al
Valle de México eran unos cuantos, guiados por cuatro
sacerdotes llamados *teomamas* o cargadores del dios, que
llevaban la imagen de Huitzilopochtli ("Colibrí del Sur"
o "Colibrí Zurdo").

Un poco antes del año 1300 los aztecas llegaron a
Chapultepec pero nuevamente fueron desterrados como
lo describió Sahagún:

Así en ninguna parte pudieron establecerse,
sólo eran arrojados,
vinieron a pasar a Coatepec,
vinieron a pasar a Tollan,
vinieron a pasar a Ichpuchco,
vinieron a pasar a Ecatepec,
luego a Chiquiuhtepetitlan.
En seguida a Chapultepec,
donde vino a establecerse mucha gente.

De Chapultepec, los aztecas se movilizaron a Culhuacan, la ciudad que conserva la tradición tolteca; donde las hijas de los gobernantes colhuas eran muy solicitadas en matrimonio por chichimecas de la nobleza. Los aztecas trabajaban como esclavos de los colhuas y a cambio de sus servicios les otorgaron un sitio sin recursos, desértico e infestado de serpientes, llamado Tizapan. Sin embargo, el pueblo mexica lo transformó en un lugar habitable, lo cual sorprendió favorablemente a los Señores de Culhuacan quienes vieron con mejores ojos a esos bárbaros recién llegados. En poco tiempo los mexicas se convirtieron en Colhua-Mexica al mostrar sus cualidades guerreras y de supervivencia. Aprovechándose de la simpatía ganada, los aztecas solicitaron al Señor de Culhuacan a su hija para esposa de uno de sus dirigentes. Su petición les fue concedida, pero según los designios de Huitzilopochtli la joven tenía que ser sacrificada y desollada. Al enterarse Achitometl, Señor de Culhuacan, del acontecimiento, ordenó su expulsión inmediata de Tizapan. Los aztecas huyeron, siempre guiados por Huitzilopochtli quien les consolaba con la certeza de que muy pronto encontrarían la tierra prometida donde serían amos y señores, donde ya no tendrían que ser esclavos y pagar tributo, y serían ellos quienes recibirían los frutos de los largos años de espera y peregrinar.

No fue sino hasta 1325 ó 1345 (de acuerdo a las diferentes fuentes históricas), que los sacerdotes aztecas vieron las señales que Huitzilopochtli les había dado para reconocer el lugar donde se establecerían definitivamente, la tierra que su dios les tenía prometida: el sitio donde encontraran un águila parada en un nopal devorando a una serpiente. Al fin había llegado la señal por tantos años esperada.

Los comienzos de Tenochtitlan*

Yo os iré sirviendo de guía,
yo os mostraré el camino.
En seguida, los mexicas comenzaron a
venir hacia acá. Existen, están pintados,
se nombran en lengua nahuatl?
los lugares por donde vinieron pasando
los mexicas.
Y cuando vinieron los mexicas,
ciertamente andaban sin rumbo,
vinieron a ser los últimos.
Al venir,
cuando fueron siguiendo su camino,
ya no fueron recibidos en ninguna parte.
Por todas partes eran reprendidos.
Nadie conocía su rostro.
Por todas partes les decían:

* Crónica Mexicayotl.

¿Quiénes sois vosotros?
¿De dónde venís?
Así en ninguna parte pudieron
establecerse, sólo eran arrojados,
por todas partes eran perseguidos.
Vinieron a pasar a Coatepec,
vinieron a pasar a Tollan,
vinieron a pasar a Ichpuchco,
vinieron a pasar a Ecatepec,
luego a Chiquiuhtepetitlan.
En seguida a Chapultepec
donde vino a establecerse mucha gente.
Y ya existía señorío en Azcapotzalco,
en Coatlinchan, en Culhuacan,
pero México no existía todavía.
Aún había tulares y carrizales,
donde ahora es México.

Periodo de consolidación en el Valle de México

Tenochtitlan tuvo unos comienzos muy modestos, sus fundadores una vez establecidos empezaron a construir pequeñas chozas alrededor del recién edificado Templo de Huitzilopochtli.

Trece años más tarde, Tlatelolco, otra isla situada al Norte de Tenochtitlan sería fundada. Tlatelolco (lugar de montículos), se convirtió en una segunda ciudad azteca unida a Tenochtitlan por calzadas construidas sobre el lago.

Alrededor de 1367 D.C., Tenochtitlan, así como Tlatelolco, se encontraban bajo el yugo de los tepanecas de Azcapotzalco que estaban en un periodo de expansión, bajo el mandato de Tezozomoc. Los aztecas pagaban

Fundación de México-Tenochtitlan.
Página del Códice Mendocino.

tributo a Azcapotzalco y peleaban como mercenarios en las guerras de sus amos y señores. Poco a poco las pequeñas chozas de un principio fueron cambiando por construcciones de piedra y hacia mediados del siglo XIV, tanto Tlatelolco como Tenochtitlan eran lo suficientemente grandes y poderosas como para solicitar sus propios "reyes". A la petición de Tenochtitlan se concedió a Acamapichtli, ("Manojo de Cañas") hijo de un Señor de la nobleza y de una princesa de Culhuacan, como primer gobernante azteca. Tlatelolco se le concedió a Cuacuauhpitzahuac, hijo de Tezozomoc.

Bajo el gobierno de Acamapichtli, los aztecas aprendieron de los tepanecas el arte de hacer imperios.

El segundo gobernante de Tenochtitlan fue Huitzilihuitl ("Pluma de Colibrí") quien inició la costumbre de crear alianzas políticas a través del matrimonio. Su propio matrimonio lo demuestra. Él se casó con Miahuaxihuitl, hija de un Señor de Cuernavaca; esta unión hizo posible que se importara algodón de esa región tropical. Huitzilihuitl murió en 1415 ó 1416, y su hijo, Chimalpopoca ("Escudo Humeante") ascendió al poder. Su gobierno se caracterizó por un gran progreso económico, hasta 1426, cuando fue asesinado.

El dominio tepaneca no duraría demasiado tiempo. En 1427 los aztecas se aliaron con los acolhuas de Texcoco, y, para 1430 durante el gobierno del cuarto tlatoani azteca, Itzcoatl ("Serpiente de Obsidiana") los recién aliados destruyeron la capital tepaneca, Azcapotzalco. Los dos tlatoanis victoriosos decidieron después aliarse con la ciudad de Tlacopan (hoy Tacuba), en 1434. Esta "Triple Alianza" de Tenochtitlan, Texcoco y Tlacopan constituyó la base del Imperio Azteca. Después de la muerte de Itzcoatl en 1440 las tres ciudades aliadas domi-

naron toda la parte central del Valle de México, y Texcoco, bajo el mando de Nezahualcoyotl ("Coyote Ham-
briento"), se convirtió en el centro cultural y artístico
del Valle. A Moctezuma Ilhuicamina ("Arquero del Cielo") se le debe la gran expansión azteca, él agrandó
el Imperio hasta la zona de la Huasteca en la costa
del Golfo. Conquistó igualmente los reinos mixtecos del
Suroeste. Otro acontecimiento importante durante su
gobierno fue la terrible sequía de 1450 que produjo
la hambruna que duró más de cuatro años. Por este
motivo los aztecas hicieron múltiples sacrificios a los
dioses de la lluvia. Para contar con suficientes personas
para ofrendar a Huitzilopochtli, se instituyó un "Tra-
tado" entre los miembros de la Triple Alianza y de los
Estados de Tlaxcala y Huexotzingo conocido como la
"Guerra Florida". Esta guerra era más bien un combate
ritual con el único propósito de capturar vivas a las
víctimas para el sacrificio a los dioses. Este tipo de combate se practicó por muchos años, y convirtió a los
tlaxcaltecas en enemigos de los aztecas, a tal grado
que cuando llegaron los españoles a México, los tlaxcaltecas prefirieron aliarse con los conquistadores,

Desde el punto de vista artístico, durante el gobierno
de Moctezuma se inició la costumbre de esculpir retra-
tos de personajes de la nobleza. Moctezuma quería per-
durar, a través del tiempo y ordenó se reprodujera su
imagen en Chapultepec ("Cerro de los Chapulines").

A Moctezuma I le sucedió en el trono Axayacatl
("Cara de Agua"), quien tuvo menos éxito en sus cam-
pañas de expansión. Si bien Axayacatl logró conquistar
Tlatelolco al dar muerte a su gobernante y sustituirlo
por otro no tlatelolca sino azteca, sus empresas militares
fueron en general poco exitosas. Perdió contra los taras-

LOS TLATOANIS (GOBERNANTES) DE MEXICO-TENOCHTITLAN

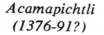

Acamapichtli (1376-91?)

Huitzilihuitl (1391-1416)

Chimalpopoca (1417-27)

Itzcoatl (1428-40)

Motecuhzoma I Ilhuicamina (1440-68)

Axayacatl (1468-81)

Tízoc (1481-86)

Ahuitzotl (1486-1502)

Motecuhzoma II Xocoyotzin (1502-20)
1520

Cuauhtémoc (1520-21)

Los nombres jeroglíficos proceden del Códice Mendoza, con excepción del de Cuauhtemoc que proviene de la Tira de Tepechpan.

cos en Tlaximaloyan, y de hecho ningún gobernante azteca logró conquistarlos.

Axayacatl murió en 1481 y le sucedió su hermano Tizoc quien gobernó durante seis años. Tizoc no pudo igualar a ninguno de sus hermanos, ni a Axayacatl ni a Ahuitzotl, que le siguió en el poder. Él era más bien un hombre débil y se le ha llegado a llamar cobarde en el campo de batalla, sin embargo, algunas de sus conquistas están esculpidas en el monolito que lleva su nombre, y se ve por ejemplo la conquista de Yanhuitlan ("Pueblo Nuevo"), al Norte de Oaxaca que era parte del señorío mixteca.

Tizoc murió envenenado por uno de sus vasallos y Ahuitzotl heredó el mando.

Ahuitzotl fue el octavo *tlatoani* azteca y gobernó de 1486 a 1502. Se le conoció como "El León de Anahuac" y fue el más hábil de los gobernantes mexicas, extendió el Imperio Azteca de Norte a Sur y de la costa del Pacífico a la frontera con Guatemala; durante su gobierno se hicieron también muchas construcciones civiles y religiosas. Se terminó de construir el Templo Mayor y para las ceremonias de la dedicación (1487) invitó a los grandes *tlatoanis* amigos y enemigos para que presenciaran de cerca el poderío mexica. En este año se sacrificaron 80,000 personas a los dioses, según los datos históricos. Se construyó también un acueducto que serviría para llevar agua de Coyoacan a Tenochtitlan, pero durante la inauguración se rompió un dique y la ciudad se inundó. La muerte de Ahuitzotl se debió quizá a esta inundación, pues al intentar salvarse de las aguas parece ser que se golpeó con un dintel en la cabeza y a consecuencia del golpe murió. Algunos documentos afirman que fue asesinado.

En el Museo Británico hay una caja de piedra decorada con símbolos relacionados con el agua, que parece hacer alusión a Ahuitzotl, se cree que esta caja se hizo para conservar los restos del octavo Señor azteca.

Cuando llegaron los españoles en 1519, el Imperio Azteca estaba formado por 38 provincias sujetas a tributo. Moctezuma II o Moctezuma Xocoyotzin fue el último gobernante azteca antes de la conquista por los españoles. Moctezuma era hijo de Axayacatl y sobrino de Ahuitzotl, y gobernó de 1502 a 1520. Contaba con 34 años cuando fue elegido como cabeza del Imperio. Al igual que Ahuitzotl, destacó como líder militar y conquistó nuevas regiones, tales como Oaxaca y zonas colindantes.

De carácter despótico, Moctezuma era muy temido y respetado. Apegado a su religión y a la meditación, pensó que Cortés era Quetzalcoatl que regresaba como lo había prometido. Preso de sus creencias cayó en manos de los españoles. En un principio hizo muy poco por resistir las fuerzas de los conquistadores, después quiso aplacarlos dándoles regalos y recibiéndolos en Tenochtitlan, hasta que lo mataron. Dos *tlatoanis* trataron de gobernar en medio del caos después de su muerte, Cuitlahuac y Cuauhtemoc.

Cuitlahuac tomó el poder en 1520 y durante su corto gobierno trató de oponer resistencia a los invasores sin demasiada suerte. Cuauhtemoc, por otro lado, presenció el 13 de agosto de 1521 la victoria final de los españoles quienes hábilmente se habían aliado con rivales de los aztecas, como fue el caso de los tlaxcaltecas, que hartos del poderío azteca, prefirieron aliarse con los recién llegados. La victoria de los europeos marcó el fin de Tenochtitlan y del Imperio Azteca, y el comienzo de la Nueva España.

Mito del nacimiento de Huitzilopochtli*

Mucho honraban los mexicas a Huitzilopochtli,
sabían ellos que su origen, su principio
fue de esta manera:

En Coatepec, por el rumbo de Tula,
había estado viviendo,
allí habitaba una mujer
de nombre Coatlicue.

Era madre de los cuatrocientos Surianos
y de una hermana de éstos
de nombre Coyolxauhqui.

Y esta Coatlicue allí hacía penitencia,
barría, tenía a su cargo el barrer,
así hacía penitencia,
en Coatepec, la Montaña de la Serpiente.

Y una vez,
cuando barría Coatlicue,
sobre ella bajó un plumaje,
como una bola de plumas finas.

En seguida lo recogió Coatlicue,
lo colocó en su seno.

Cuando terminó de barrer,
buscó la pluma, que había colocado en su seno,
pero nada vio allí.

En ese momento Coatlicue quedó encinta.

* (SAHAGÚN, *Códice Florentino*, libro III, capítulo 1.)

Al ver los cuatrocientos Surianos
que su madre estaba encinta,
mucho se enojaron, dijeron:

—"¿Quién le ha hecho esto?
¿quién la dejó encinta?
Nos afrenta, nos deshonra".

Y su hermana Coyolxauhqui
les dijo:

—"Hermanos, ella nos ha deshonrado,
hemos de matar a nuestra madre,
la perversa que se encuentra ya encinta.
¿Quién le hizo lo que lleva en el seno?"

Cuando supo esto Coatlicue,
mucho se espantó,
mucho se entristeció.
Pero su hijo Huitzilopochtli, que estaba en su seno,
la confortaba, le decía:

—"No temas,
yo sé lo que tengo que hacer".

Habiendo oído Coatlicue
las palabras de su hijo,
mucho se consoló,
se calmó su corazón,
se sintió tranquila.

Y entretanto, los cuatrocientos Surianos
se juntaron para tomar acuerdo,
y determinaron a una
dar muerte a su madre,
porque ella los había infamado.

Estaban muy enojados,
estaban muy irritados,
como si su corazón se les fuera a salir.

Coyolxauhqui mucho los incitaba,
avivaba la ira de sus hermanos,
para que mataran a su madre.

Y los cuatrocientos Surianos
se aprestaron,
se ataviaron para la guerra.

Y estos cuatrocientos Surianos,
eran como capitanes,
torcían y enredaban sus cabellos,
como guerreros arreglaban su cabellera.

Pero uno llamado Cuahuitlicac
era falso en sus palabras.

Lo que decían los cuatrocientos Surianos,
en seguida iba a decírselo,
iba a comunicárselo a Huitzilopochtli.

Y Huitzilopochtli le respondía:

—"Ten cuidado, está vigilante,
tío mío, bien sé lo que tengo que hacer".

Y cuando finalmente estuvieron de acuerdo,
estuvieron resueltos los cuatrocientos Surianos
a matar, a acabar con su madre,
luego se pusieron en movimiento,
los guiaba Coyolxauhqui.

Iban bien robustecidos, ataviados,
guarnecidos para la guerra,
se distribuyeron entre sí sus vestidos de papel,

*Cabeza colosal de Coyolxauhqui, hermana
de Huitzilopochtli. Museo Nacional de
Antropología, Ciudad de México.*

su anecúyotl, sus ortigas,
sus colgajos de papel pintado,
se ataron campanillas en sus pantorrillas,
las campanillas llamadas *oyohualli.*

Sus flechas tenían puntas barbadas.

Luego se pusieron en movimiento,
iban en orden, en fila,
en ordenado escuadrón,
los guiaba Coyolxauhqui.

Pero Cuahuitlicac subió en seguida a la montaña,
para hablar desde allí a Huitzilopochtli,
le dijo:

—"Ya vienen".

Huitzilopochtli le respondió:
—"Mira bien por dónde vienen".

Dijo entonces Cuahuitlicac:
—"Vienen ya por Tzompantitlan".

Y una vez más le dijo Huitzilopochtli:
—"¿Por dónde vienen ya?"

Cuahuitlicac le respondió:
—"Vıenen ya por Coaxalpan".

Y de nuevo Huitzilopochtli preguntó a Cuahuitlicac:
—"Mira bien por dónde vienen".

En seguida le contestó Cuahuitlicac:
—"Vienen ya por la cuesta de la montaña".

Y todavía una vez más le dijo Huitzilopochtli:
—"Mira bien por dónde vienen".

Entonces le dijo Cuahuitlicac:
—"Ya están en la cumbre, ya llegan,
los viene guiando Coyolxauhqui".

En ese momento nació Huitzilopochtli,
se vistió sus atavíos,
su escudo de plumas de águila,
sus dardos, su lanza-dardos azul,
el llamado lanza-dardos de turquesa.

Se pintó su rostro
con franjas diagonales,
con el color llamado "pintura de niño".

Sobre su cabeza colocó plumas finas,
se puso sus orejeras.

Y uno de sus pies, el izquierdo era enjuto,
llevaba una sandalia cubierta de plumas,
y sus dos piernas y sus dos brazos
los llevaba pintados de azul.

Y el llamado Tochancalqui
puso fuego a la serpiente hecha de teas llamada
Xiuhcoatl, que obedecía a Huitzilopochtli.

Luego con ella hirió a Coyolxauhqui,
le cortó la cabeza,
la cual vino a quedar abandonada
en la ladera de Coatepetl,

El cuerpo de Coyolxauhqui
fue rodando hacia abajo,
cayó hecho pedazos,
por diversas partes cayeron sus manos,
sus piernas, su cuerpo.

Entonces Huitzilopochtli se irguió,
persiguió a los cuatrocientos Surianos,
los fue acosando, los hizo dispersarse
desde la cumbre del Coatepetl, la Montaña
de la Serpiente.

Y cuando los había seguido
hasta el pie de la montaña,
los persiguió, los acosó cual conejos,
en torno de la montaña.

Cuatro veces los hizo dar vueltas.

En vano trataban de hacer algo en contra de él,
en vano se revolvían contra él
al son de los cascabeles
y hacían golpear sus escudos.

Nada pudieron hacer,
nada pudieron lograr,
con nada pudieron defenderse.

Huitzilopochtli los acosó, los ahuyentó,
los destruyó, los aniquiló, los anonadó.

Y ni entonces los dejó,
continuaba persiguiéndolos.

Pero, ellos mucho le rogaban, le decían:
—"¡Basta ya!"

Pero Huitzilopochtli no se contentó con esto,
con fuerza se ensañaba contra ellos,
los perseguía.

Sólo unos cuantos pudieron escapar de su presencia,
pudieron librarse de sus manos.

Se dirigieron hacia el Sur,
porque se dirigieron hacia el Sur
se llaman Surianos,
los pocos que escaparon
de las manos de Huitzilopochtli.

Y cuando Huitzilopochtli les hubo dado muerte,
cuando hubo dado salida a su ira,
les quitó sus atavíos, sus adornos, su anecuyotl,
se los puso, se los apropió
los incorporó a su destino,
hizo de ellos sus propias insignias.

Y este Huitzilopochtli, según se decía,
era un portento,
porque con solo una pluma fina,
que cayó en el vientre de su madre, Coatlicue,
fue concebido.

Nadie apareció jamás como su padre.

A él lo veneraban los mexicas,
le hacían sacrificios,
lo honraban y servían.

Y Huitzilopochtli recompensaba
a quien así obraba.

Y su culto fue tomado de allí,
de Coatepec, la Montaña de la Serpiente,
como se practicaba desde los tiempos más antiguos.

La etnia azteca y su indumentaria

Aspecto físico

Los aztecas eran personas de estatura mediana, los hombres medían más que las mujeres (un promedio aproximado 1.50 m), y sus características más sobresalientes figuran en la siguiente enumeración:

1. Piel morena que variaba entre el moreno claro y el moreno oscuro.

2. Cara ancha.

3. Pómulos salientes.

4. Nariz aguileña.

5. Ojos almendrados de color café oscuro o negro. Los ojos rasgados confirman sin duda alguna que los ancestros de los mexicanos provenían de Asia.

6. La constitución del cuerpo, más bien esbelta.

7. El pelo grueso, negro y lacio.

Los hombres generalmente se cortaban el pelo a manera de fleco sobre la frente y se lo dejaban crecer hasta la nuca. El pelo también era un indicador social. Los sacerdotes se dejaban el pelo largo y nunca se lo cortaban. Los guerreros igualmente exhibían diferentes tipos de peinados.

Las mujeres acostumbraban dejarse crecer el pelo generalmente suelto aunque en ocasiones especiales, de fiesta, se trenzaban el pelo y se ponían moños grandes de todos colores. Otro peinado bastante común semejaba una especie de "cuernos", como se muestra en la ilustración.

El pelo de la cara no era visto con buenos ojos, los hombres en lugar de afeitarse sólo necesitaban usar pinzas para quitarse el vello facial que no era muy abundante. Además, se inhibía el crecimiento desde la niñez colocando telas calientes sobre la región del bigote y de la barba. Sólo los ancianos y algunos hombres de las clases sociales altas podían dejarse crecer en el mejor de los casos, una barba rala.

Si bien la constitución física del hombre azteca no era excesivamente fuerte, sí lo suficientemente sólida para resistir los pesados trabajos diarios. Las mujeres caminaban grandes distancias acompañando a sus maridos, ayudándoles a cargar su equipo de trabajo, la comida, y el bebé más recientemente concebido.

Limpieza personal

La gran mayoría de la población era especialmente pulcra y aseada, todo mundo acostumbraba bañarse en tinas, ríos o lagos. Como jabón, usaban productos vegetales, uno de ellos era el fruto del *copalxocotl* o árbol del jabón, —llamado así por los españoles—, y las raíces de algunas plantas como la saponaria americana, que producían espuma. Ambos productos se usaban tanto para la limpieza personal como para lavar la ropa.

Los españoles describieron con gran asombro los hábitos de limpieza de Moctezuma, pues acostumbraba bañarse y cambiarse de ropa dos veces al día. El énfasis en la limpieza personal se inculcaba en la escuela y desde niños se les enseñaba a bañarse en agua fría.

Además de esto existía en la mayor parte de la Cuenca de México el *temazcalli* que se usaba —y aún se usa— como baño de vapor, ellos lo practicaban con fines terapéuticos, rituales y de purificación. El baño de vapor sucedía dentro de un pequeño edificio hemisférico de piedras y cemento y la hoguera, construida fuera del *temazcalli* de paredes de piedra volcánica, se calentaba con grandes leños de madera. Cuando alcanzaba la temperatura indicada, la persona que tomaba el baño entraba por una puerta pequeña y echaba agua a la pared, para que se formara el vapor. Se frotaba con las raíces jabonosas y se acostaba sobre un petate para relajar los músculos. El baño era al mismo tiempo una forma de limpieza y un acto de purificación.

Las mujeres que habían dado a luz y que estaban por incorporarse nuevamente a sus actividades diarias, entraban al *temazcalli.*

Los aztecas trataban algunas enfermedades bañándose con frecuencia en el *temazcalli*, y hasta la fecha muchas enfermedades se tratan a base de este baño de vapor.

La belleza femenina

Las mujeres acostumbraban ponerse una especie de maquillaje de color amarillo, *axin,* de una consistencia parecida a la cera, que se lograba al cocinar y aplastar los cuerpos de algunos insectos grasosos. Para obtener este efecto, se ponían un polvo amarillo, o bien se untaban una crema que contenía *axin.* Varios códices y manuscritos representan a la mujer con su maquillaje amarillo, contrastando con el color bronceado del hombre. Los espejos eran de obsidiana pulida y los había con marcos de madera.

También teñían sus dientes de negro o de rojo. Esta costumbre, no propiamente azteca, fue adoptada a partir de los huaxtecos y de los otomíes.

Los hombres también se pintaban la cara y el cuerpo en las ceremonias, y a los niños se les tatuaba el pecho durante el quinto mes del año, de acuerdo con Bernardino de Sahagún.

La verdadera belleza residía única y exclusivamente en la limpieza personal y del vestido. Las mujeres en general no se pintaban, en cambio sí se perfumaban con agua de rosas y con incienso, mascaban chicle para refrescar el aliento, y nada era tan importante como los buenos modales y maneras.

La vestimenta

La prenda masculina más usada era el *maxtlatl* o taparrabo, amarrado alrededor de la cintura y entre las piernas, anudando al frente. Sus extremos delantero y trasero a menudo estaban bordados. Esta prenda se usaba desde el periodo Preclásico en México, como lo atestiguan las figurillas olmecas y mayas de la misma época.

El *maxtlatl* era de diferente calidad según las posibilidades de la persona que lo usara, si pertenecía a la nobleza usaría taparrabos de algodón, a veces adornados con piel de conejo en las orillas o bordados con diferentes colores y diseños, o decorados con plumas y piedras preciosas, si era un *macehual* (hombre del pueblo) vestiría taparrabos hechos de fibra de maguey y sin de-

Huipilli
Códice Mendoza

Dibujo proveniente del Códice Mendoza.

Peinado característico de la mujer azteca. El huipilli *y la falda (cueitl) constituían sin duda las prendas básicas femeninas.*

coraciones. El *maxtlatl* se usaba a partir de los cuatro años de edad, aproximadamente. Era sin duda la ropa masculina más importante ya que la usaban tanto de día como de noche y en ocasiones no contaban más que con esa prenda. Cuando el presupuesto económico lo permitía, se ponían también una capa, *tilmatli,* que al igual que el *maxtlatl,* era de fibra de maguey para las personas de menos recursos y de algodón para los dignatarios y gente de la clase media.

Las capas solían ser de piel de conejo con plumas que abrigaban durante el invierno, rectangulares, se anudaban sobre el hombro derecho o bien sobre el pecho, al sentarse, corrían la capa para cubrir el cuerpo y las piernas.

Los hombres ricos hacían alarde de su condición poniéndose una capa sobre otra.

Moctezuma contaba con una gran variedad de capas de diferentes colores, materiales y diseños incluyendo capas largas que le servían para protegerse de la lluvia.

Los guerreros y sacerdotes usaban una túnica corta que les llegaba a la cadera o las rodillas, posiblemente así haya sido en parte el atuendo de los guerreros, esta túnica, llamada *xicolli,* sin apertura alguna, que se tenía que deslizar por la cabeza, una prenda que cubría el tronco nada más, como un chaleco, o a veces caía sobre el *maxtlatl* que llegaba a la altura de las rodillas.

Las prendas femeninas

La falda o *cueitl* era sin duda la prenda femenina básica, una gran tira de algodón enrollada alrededor de la cintura y sostenida con un cinturón delgado de tela. La falda llegaba a la altura de los talones y se acompañaba de un *huipil,* especie de túnica cerrada, sin mangas, que caía bajo la cadera a la altura de los muslos. Al igual que la falda, esta túnica o blusa era parte del atuendo femenino y por consiguiente la usaban todas las mujeres sin distinción de su clase social. En algunas ocasiones tanto la falda como la blusa las decoraban con anchos bordados de diferentes colores. Durán describió algunas blusas que tenían diseños florales, águilas y prendas decoradas con plumas. Blusas y faldas se fabricaban de algodón delgado que las mujeres mismas hilaban y tejían. Los más elaborados diseños los llevaban las mujeres más ricas y los más simples las mujeres del pueblo, ya que la ropa cumplía, además de una función práctica, una función social.

Cabe recordar que cuando las sacerdotisas o sacerdotes personificaban a algún dios en una festividad, sus prendas eran mucho más elaboradas, según la decoración requerida para la deidad representada, empleaban los mejores materiales posibles, mientras que la gente humilde contaba sólo con prendas de algodón burdo o fibra de maguey.

Toda la vestimenta tenía diferentes nombres y se usaba en diversas condiciones, siempre sirviendo como indicador social.

Quechquemitl

La etimología de la palabra parece derivarse de *quechtli,* cuello; y *quemi,* ponerse una manta o una capa, según Molina. Parece que esta capa sólo se usaba en un contexto ritual y no como una prenda de uso diario. El *quechquemitl* aparece en varias esculturas aztecas, especialmente en representaciones de diosas relacionadas

*Escultura teotihuacana que representa
a la diosa Chalchiuhtlicue.*

con la fertilidad; Chalchiuhtlicue, "Señora del agua", a menudo lleva su *quechquemitl* con una hilera de borlas de algodón. Mayahuel, encargada del maguey y del pulque, está representada también con *quechquemitl;* igual que Chicomecoatl, "diosa del maíz".

Las prendas de los guerreros

Los guerreros, los gobernantes y la gente de alta jerarquía hacían gran alarde de sus trajes. Cada grupo de guerreros, águila o tigre, se vestía de acuerdo al animal que representaba.

Tlahuiztli

El *tlahuiztli* era un traje completo que se ajustaba al cuerpo cubriéndolo completamente, se hacía de tela y se' cubría de plumas de diferentes tipos y colores. El rango de la persona podía identificarse según el color, diseño o insignia que lo adornaran. El *tlahuiztli* era una prenda exclusivamente masculina.

Además del traje con que los guerreros protegían su cuerpo, tenían un casco en forma de animal según la orden guerrera que representaran. Tanto el casco como el traje estaban cubiertos de plumas.

El *tlahuiztli* (traje) presentaba una gran variedad de estilos, colores y combinaciones, en algunos casos imitaba el aspecto de los dioses. Como el ascenso social se lograba en gran parte en el campo de batalla, no era sorprendente vestir gran variedad de trajes y ropa para la guerra. Había camisas acolchonadas, para protegerse de las armas, cascos, rodelas, etc.

INDUMENTARIA AZTECA

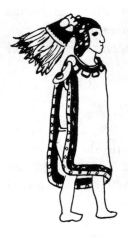

Tilmatli
Códice Mendoza

Tlahuiztli
Códice Mendoza

Ehuatl
Códice Matritense

Tlacochcalcatl
Códice Mendoza

Según Patricia R. Anawalt

El traje en forma de coyote, se otorgaba a un guerrero cuando había capturado a seis prisioneros vivos. Los guerreros y los miembros de la nobleza usaban sandalias con suelas de cuero y fibra de maguey. La gente del pueblo, los macehuales, no usaban sandalias sino que andaban descalzos.

La
educación

La educación comenzaba después de los tres años. Los niños varones ayudaban al padre más que a la madre. Alrededor de los cuatro años ayudaban a llevar agua, a los cinco cargaban ya pesados paquetes al mercado. Los niños recogían las semillas de maíz seco tiradas en la calle y en el mercado, a la edad de siete años empezaban a entrenarse en la pesca usando una red para su auxilio. Todo el aprendizaje se incrementaba hasta los catorce o quince años. Se hacía énfasis en el conocimiento y en la vida económica de la sociedad. La educación de las mujeres no era del todo diferente a la de los hombres. Las niñas tenían que aprender los trabajos que desempeñaba la madre, la mayoría de ellos en el hogar. A los tres años, se le enseñaba a las niñas a manejar el huso, el tejido era una actividad femenina muy importante, que realizaban toda la vida. Si por algún motivo los trabajos no eran bien aprendidos, o si mostraban flojera al ejecutarlos, muy probablemente aprendieran la lección con unos buenos palos o pinchándolas con espinas de maguey en la muñeca de las manos. Los castigos, al igual que los trabajos incrementaban en dureza con el paso de los años, por ejemplo un niño desobediente de doce años tenía que quedarse todo el día acostado en el suelo, el cual había sido humedecido previamente. Como si lo anterior fuera poco, se le ataban los pies y las manos. Una niña de la misma edad, tenía que levantarse a media noche a barrer la casa. A los trece años las niñas ya aprendían a moler el maíz, a hacer tortillas y a tejer.*

* Códice Mendoza.

Los hombres al cumplir quince años escogían entre continuar una instrucción religiosa o militar; las mujeres, sin estas opciones básicamente emulaban a la madre y aprendían de ella las actividades domésticas: cocinar, hilar, tejer, prepararse para el matrimonio, y aprender de la experiencia de los padres, de los discursos y consejos que tanto acostumbraban darles. Además, las madres aztecas insistían en que las niñas tenían que ser siempre obedientes, discretas y castas. La educación de las hijas estaba en manos tanto de la madre como del padre. Este último insistía en las cualidades que debía tener una mujer en el momento de casarse.

Entre los doce y los trece años, las niñas hacían una especie de "internado" de un año en un templo en donde servían a algún dios; en caso de que la inclinación religiosa fuera muy marcada, las niñas podían continuar sus estudios como sacerdotizas en el *cuicacalli*.

La educación formal

La educación adquirida fuera de la casa estaba encaminada más hacia los hombres que a las mujeres. Aparentemente, hombres y mujeres, ricos o pobres, iban a la escuela, al *cuicacalli,* entre los doce y los quince años de edad. Las escuelas se localizaban cerca de los templos, y servían tanto de casas para los maestros, como de aulas de clases. Las construcciones generalmente eran grandes y con decoraciones. Los salones de clases, estaban dispuestos alrededor de un patio abierto que servía también como sala de danzas.

El *cuicacalli* o *telpochcalli* se caracterizaba por una enseñanza encaminada a adquirir conocimientos generales, canto, danza, y a aprender a tocar diferentes ins-

El Calmecac.
Según el Códice Mendoza

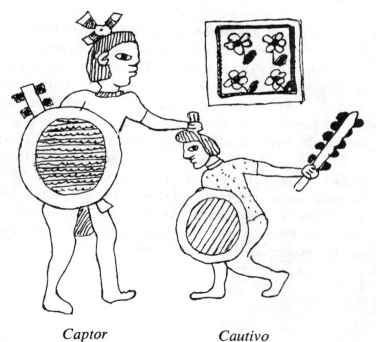

Captor
o
Conquistador

Cautivo
Conquistado

trumentos musicales. Los aztecas eran muy estrictos en cuanto a la asistencia y al cumplimiento de las actividades escolares. Quizá el aspecto más importante de la enseñanza del *telpochcalli* o *cuicacalli,* era marcial; conocer el manejo de los instrumentos de guerra, etc., por supuesto que no existía una enseñanza completa sin la instrucción religiosa que formaba parte integral de la educación en la sociedad azteca.

El otro tipo de escuela era el *calmecac* que impartía educación a los hijos de los nobles y a aquéllos que pensaban dedicarse al sacerdocio. Esta educación giraba en torno a la religión, al conocimiento del panteón azteca y los diferentes ritos; aunque también había una actividad complementaria que consistía en aprender cuestiones relativas a la administración.

El *calmecac,* como el *telpochcalli,* estaba ubicado junto a los templos y había varios en los diferentes barrios. En Tenochtitlan simplemente había más de siete escuelas de tipo *calmecac.* Se cree que cada templo tenía un *calmecac.* Cada templo se dedicaba al entrenamiento o conocimiento del culto de un dios en particular y de las actividades relacionadas con él, por ejemplo el Templo de Camaxtli, "dios de la caza", se encargaba de formar hábiles cazadores. A pesar de que la mayoría de los *calmecac* se ocupaban de estudios religiosos, éstos variaban según la deidad en la que se especializaran, algo así como los Dominicos o los Franciscanos se especializan en sus respectivos santos patronos.

La
religión

Religión

La religión era fundamental en la cultura azteca; su influencia controlaba y dominaba todos los aspectos de la vida, desde el nacimiento hasta la muerte. Los aztecas sentían que eran colaboradores de los dioses y sus vidas servían para mantener el orden y el equilibrio del universo; a través de esta colaboración la humanidad jugaba un papel activo en la vida de los dioses. Jacques Soustelle (1970); ha expresado la importancia de la religión muy claramente: "La religión azteca sostenía el edificio de la civilización mexicana: no es de extrañar por consiguiente que cuando este complejo fue destruido por manos de los conquistadores, el edificio entero se quedó en ruinas."

Todas las personas participaban en la religión individual y colectivamente. De manera individual participaban en sus casas rezando en los altares que tenían construidos para sus dioses, y en forma colectiva, en los festivales de los dioses principales. La religión azteca permeaba todas las esferas del conocimiento, los elementos más importantes de la vida y de la naturaleza eran deificados y su vasto panteón contenía una gran variedad de dioses del agua, del fuego, la tierra y el aire. Una enorme abundancia de expresiones de las creencias religiosas aztecas están aunadas a su arquitectura: templos, pirámides, calzadas, etc; también la escultura, la pintura y la cerámica constituyen una importante fuente de información religiosa. Los Códices rituales manuscritos que aún se conservan son de primera importancia para entender la organización sacerdotal y el culto individual de los dioses.

Los aztecas concebían al mundo como un disco gigante rodeado de agua en un universo que se extendía horizontal y verticalmente. Para ellos el universo estaba ordenado de acuerdo a cinco direcciones: los cuatro puntos cardinales y el centro.

Los antiguos mexicanos creían que habían existido varios mundos antes del presente, y que todos ellos habían terminado con algún cataclismo por el que la humanidad había desaparecido. Los mundos anteriores se conocían como los "cuatro soles", y el mundo o sol que actualmente vivimos es el quinto. Estos soles a los que hacemos referencia aparecen representados en esculturas tales como el "Calendario Azteca o Piedra del Sol". De acuerdo a la mitología los cuatro mundos anteriores terminaron en un cataclismo y este último mundo o sol tendrá la misma suerte y terminará también con un cataclismo, un gran temblor.

Después de la cuarta destrucción, los dioses se reunieron en Teotihuacan donde se decidió que uno de ellos debía sacrificarse para poder dar inicio al quinto sol (en el pensamiento azteca corresponde a la época actual). Uno de los dioses tuvo la iniciativa y se arrojó a una hoguera en señal de sacrificio y volvió a nacer como el sol. Sin embargo el sol estaba inmóvil, necesitaba que los demás dioses se sacrificaran. Una vez inmolados ellos el sol empezó a brillar. Esa nueva era se denominó *nahui ollin,* que significa "cuatro movimiento" o "el sol en movimiento" y su dios regente sería Tonatiuh, "dios del sol". Al igual que los cuatro soles anteriores, el quinto

La Piedra del Sol fue encontrada en la Plaza Principal de la Ciudad de México en 1790.

Detalle de la decoración del Templo de Quetzalcoatl de Teotihuacan.

acabará con una destrucción a causa de un fuerte temblor, un gran movimiento (*ollin*). Para asegurar que el sol siguiera moviéndose, para evitar el último día, era indispensable alimentarlo diariamente con *chalchiuitl,* sangre humana, lo más valioso que se podía ofrendar.

Una vez creada la quinta era, faltaba volver a poblar la tierra, esta tarea se le encomendó a Quetzalcoatl, que descendió a la región de los muertos (Mictlan) para recoger los huesos de las generaciones anteriores; esto le significó pasar por muchas pruebas que le puso Mictlantechutli, el dios de los muertos. Finalmente recogió los huesos de un hombre y de una mujer y los llevó a un lugar mítico llamado Tamoanchan. Allí se reunieron los dioses nuevamente y decidieron moler los huesos que llevó Quetzalcoatl y rociarlos con su propia sangre, así la humanidad volvió a nacer. Los hombres recién creados recibieron el nombre de *macehualtin* "los merecedores, los escogidos", posteriormente, esta palabra tomó la acepción de hombre del pueblo o campesino.

En vista de que los dioses tuvieron que sacrificarse para crear al sol, y Quetzalcoatl tuvo que sacrificarse para crear al hombre, los aztecas sintieron una relación especial con los dioses y la responsabilidad de mantenerlos a través del sacrificio.

La creación

Los aztecas creían que la creación se debía a dos seres principales, Ometecuhtli, Señor de la dualidad, y Omecihuatl Señora de la dualidad; ellos vivían en la cima del mundo, en el decimotercer cielo, en donde el aire era muy frío. De esta pareja inicial nacieron todos los dioses

CUADRO 1-1

SECUENCIA DE LAS CINCO ERAS O "SOLES"

NOMBRE DEL SOL	DIOS QUE LO REPRESENTA	POBLACIÓN HUMANA	DESTINO DE LA HUMANIDAD	TIPO DE DESTRUCCIÓN
1. *Nahui ocelotl* "Cuatro Jaguar"	Tezcatlipoca	Gigantes que se mantenían a base de bellotas	Devorada por jaguares	Jaguares
2. *Nahui ehecatl* "Cuatro Viento"	Quetzalcoatl	Seres humanos que se mantenían a base de piñones (*acocentli*)	Transformada en monos	Huracanes
3. *Nahui quiahuitl* "Cuatro Lluvia"	Tlaloc	Seres humanos que se mantenían a base de semillas acuáticas	Transformada en perros, guajolotes y mariposas	Fuego
4. *Nahui atl* "Cuatro Agua"	Chalchiuhtlicue	Seres humanos que se mantenían a base de semillas silvestres	Transformada en peces	Gran inundación
5. *Nahui ollin* "Cuatro Movimiento"	Tonatiuh	Seres humanos que se mantenían a base de maíz	Será devorada por *tzitzimime* (monstruos celestes)	Temblores

Según F. Berdan

NOMBRES Y JEROGLIFICOS DE LOS DIAS DEL MES AZTECA

Cipactli
(cocodrilo)

Ehecatl
(viento)

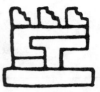

Calli
(casa)

Cuetzpalin
(lagarto)

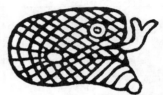

Coatl
(serpiente)

Miquiztli
(muerte)

Mazatl
(venado)

Tochtli
(conejo)

Atl
(agua)

Itzcuintli
(perro)

NOMBRES Y JEROGLIFICOS DE LOS DIAS
DEL MES AZTECA

Ozomatli
(mono)

Malinalli
(hierba)

Acatl
(cana)

Ocelotl
(jaguar)

Quauhtli
(águila)

Cozcaquahtli
(buitre)

Ollin
(movimiento)

Tecpatl
(pedernal)

Quiahuitl
(lluvia)

Xochitl
(flor)

y de ellos a su vez, toda la humanidad. La pareja concibió cuatro hijos:

1. El Tezcatlipoca Rojo (identificado como Xipe Totec)

2. El Tezcatlipoca Negro (identificado como Tezcatlipoca solamente)

3. Quetzalcoatl (identificado como la serpiente emplumada)

4. El Tezcatlipoca Azul (identificado como Huitzilopochtli)

Cada uno de los dioses estaba asociado con un punto cardinal, con un color diferente, un árbol, un animal y con varios fenómenos naturales y culturales.

Quetzalcoatl y Tezcatlipoca tuvieron como tarea adicional la creación de la vida, que incluía a dioses y a hombres, al medio ambiente y a todas las cosas vivas. Entre las creaciones atribuidas a ellos se encuentra el fuego, los primeros seres humanos, el calendario, el inframundo, los cielos, las aguas, la tierra y sus dioses regentes.* La tierra se gestó de un lagarto o *cipactli* de las aguas. Una vez sucedida la creación, sobrevinieron los cuatro soles, que duraron 2028 años, cada uno regido por un diferente dios y habitado por diferentes tipos humanos.

El cuadro 1-1 resume las secuencias de los soles más comúnmente citados, así como el último sol, que vivimos actualmente, según lo indica la mitología.

* *Historia de los mexicanos por sus pinturas,* Ed. Salvador Chávez, México, 1941, pp. 228-229.

CUADRO 2

ESPACIOS	COLORES	MORADAS MITICAS	VIENTOS	ASTROS	AVES	DIOSES	AÑOS	IDEAS ASOCIADAS
Este	Rojo	Tlalocan	Tlalocayotl	Sol levante, estrella de la mañana	Quetzal	Quetzalcoatl, dios de la vegetación tierna, Xipe Totec, Tlaloc	Acatl (caña)	Resurrección, fertilidad, juventud, luz
Norte	Negro	Mictlan	Mictlampa	Luna, Vía Láctea Centzon Mimixcoa	Águila	Tezcatlipoca, Mixcoatl, Mictlantecuhtli	Tecpatl (pedernal)	Noche, oscuridad, frío, sequía, guerra, muerte
Oeste	Blanco	Tamoanchan	Cihuatecayotl	Sol poniente, estrella de la tarde	Colibrí	Dioses terrestres, Quetzalcoatl	Calli (casa)	Nacimiento y decadencia, misterio del origen y del fin, antigüedad, enfermedad
Sur	Azul		Huiztlampa Ehecatl	Sol del mediodía, Centzon Huiznahua	Guacamaya	Huitzilopochtli, Macuilxochitl, etc.	Tochtli (conejo)	Luz y calor, fuego clima tropical

Según J. Soustelle

Los dioses

El panteón azteca era muy amplio e incluía dioses de otros pueblos adoptados e incorporados a su mundo religioso. Cada dios podía identificarse por rasgos iconográficos característicos: traje, tocado, insignias; por el atavío en general y por el color con el que se le representaba. Los dioses "extranjeros" que incorporaron los aztecas fueron, entre otros, Tlaloc, "el dios de la lluvia", Quetzalcoatl y Tezcatlipoca. Huitzilopochtli, para los aztecas el dios más importante que los acompañó y guió a lo largo de toda su peregrinación, era desconocido para el resto de los grupos mesoamericanos. Su culto se centró alrededor de Tenochtitlan y de Tlatelolco, un dios guerrero por excelencia. Existieron docenas y docenas de dioses aztecas pero sólo haremos referencia a aquellos más importantes:

XIUHTECUHTLI   Dios viejo del fuego. A veces toma el nombre de Huehueteotl.

DEIDADES DE LA FERTILIDAD
Y DE LA LLUVIA

TLALOC   Dios principal de la lluvia y de la fertilidad. Generalmente se le ve pintado de azul o negro. Se le reconoce por sus anteojeras características y sus grandes colmillos.

CENTEOTL   Nombre genérico del númen del maíz.

Xochipilli, dios de las flores, de la música y de los juegos. Museo Nacional de Antropología, Ciudad de México.

Escultura monumental de Coatlicue.
Museo Nacional de Antropología,
Ciudad de México.

Ehecatl, dios del viento. Museo Nacional de Antropología, Ciudad de México.

XOCHIPILLI — Dios joven de las flores, de la música y de los juegos. Presidía los juegos, en especial el juego de pelota.

COATLICUE — Diosa de la fertilidad y madre de Huitzilopochtli.

CHICOMECOATL — Nombre calendárico de la diosa más importante de la fertilidad y de la agricultura. Generalmente se le representa con un gran tocado rectangular y sosteniendo mazorcas de maíz en sus manos.

EHECATL — Dios del viento y otro aspecto de Quetzalcoatl. Se le representa con una máscara bucal en forma de pico. Se le asociaba con el viento, la lluvia y la fertilidad.

TEPEYOLLOTL — Deidad terrestre de la fertilidad, algunas veces aparece en forma de jaguar. Es un aspecto de Tezcatlipoca; se le asociaba con las cuevas de los cerros y de las montañas.

TLAZOLTEOTL — Diosa importante relacionada con la fertilidad de la tierra.

XILONEN — Diosa del maíz tierno.

XIPE TOTEC — Deidad de la fertilidad con fuertes connotaciones militares. Se le representaba con la piel desollada de alguna víctima.

Xilonen, diosa del maíz tierno.
Museo Nacional de Antropología,
Ciudad de México.

DEIDADES DE LA GUERRA Y DEL SACRIFICIO RELACIONADAS CON EL SOL Y LA TIERRA

HUITZILO-
POCHTLI

TONATIUH

MIXCOATL	Dios de la caza. Se le asociaba con los nómadas del Norte.
MICTLANTE-CUHTLI	Dios de la muerte. Se le representaba con el rostro descarnado.
TLALTECUHTLI	Monstruo de la tierra. Se le representaba agachado, con garras en las manos y pies. A menudo aparece representado en relieve en las bases y fondo de las esculturas.
TEZCATLIPOCA	Suprema deidad del panteón azteca. En ocasiones un pie se ve sustituido por un espejo.

Tlaltecuhtli, dios de la tierra.
Procede del Templo Mayor de Tenochtitlan.

*El dios Xipe Totec se representaba
cubierto con la piel desollada de
algún sacrificado. Museo Nacional de
Antropología, Ciudad de México.*

El
Templo
Mayor

Antecedentes

Los aztecas han sido conocidos especialmente a través de los documentos históricos. Los vestigios culturales son abundantes y muchas obras importantes han sido descubiertas accidentalmente, generalmente como resultado de alguna actividad de construcción. Por ejemplo en 1790, mientras se hacían las atarjeas para la conducción del agua y el empedrado en la plaza principal de México se encontraron dos de las más famosas esculturas del arte azteca: la Piedra del Sol y la escultura monumental de Coatlicue. En 1791 azarosamente, se encuentra el Cuauhxicalli de Tizoc, mejor conocido como "Piedra de Tizoc".

Otro hallazgo importante fue la cabeza colosal de Coyolxauhqui, al abrirse los cimientos de una casa en la calle de Santa Teresa, en 1830. Todos estos hallazgos fortuitos permitieron conocer y explorar un poco algunas edificaciones del Templo Mayor. En 1900 se construye el colector que corre de oriente a poniente en la calle de las Escalerillas (hoy Guatemala), y se comisiona a Leopoldo Batres para rescatar los hallazgos: una escalinata, una cabeza de serpiente (Xiuhcoatl) y una gran escultura que representa a un jaguar.

En 1913, Manuel Gamio excava la esquina suroeste del Templo Mayor, revelando cuatro etapas constructivas del mismo.

En 1933, el arquitecto Emilio Cuevas excava en las calles de Guatemala y Seminario, y encuentra entre otros elementos una alfarda, y parte de una escalera que ahora sabemos daba acceso a la gran plataforma sobre la que se asentaba el Templo Mayor.

En 1948, Hugo Moedano y Elma Estrada Balmori amplían el área excavada por Manuel Gamio, y encuentran parte de la plataforma decorada con cabezas de serpiente, un brasero y la cabeza de serpiente que ve hacia el Sur.

En 1964, se encontró un adoratorio decorado con pintura mural que representa a Tlaloc, localizado al Norte de la calle de Justo Sierra.

Las excavaciones del metro de 1966-67 sacaron a la luz varios vestigios arqueológicos, entre otros, una plataforma que probablemente sirvió para sostener un *tzompantli* o altar de cráneos.

Las obras de recimentación de la Catedral Metropolitana y del Sagrario efectuadas en 1975-76, permitieron a un grupo de arqueólogos encabezados por Constanza Vega Sosa, investigar la esquina Suroeste del Templo Mayor. Durante estos trabajos se encontraron los basamentos de varias estructuras, entre ellas la del Templo del Sol y la de Ehecatl-Quetzalcoatl.

La realización de esta obra pública jugó un papel importante en el conocimiento arqueológico del Templo Mayor de Tenochtitlan. En 1978, un grupo de obreros de la Compañía de Luz y Fuerza, al abrir una zanja para la colocación de unos cables, se toparon con una escultura de piedra que les impidió seguir trabajando. La oficina de rescate arqueológico del INAH,* encabezada por Angel García Cook y Raúl M. Arana Álvarez, se encargaron de dirigir la excavación del área

* Instituto Nacional de Antropología e Historia.

Brasero y cabeza de serpiente del lado sur del Templo Mayor.

Relieve que representa a Coyolxauhqui descuartizada.

del monolito e identificar al dios representado. Por sus características iconográficas se trataba de Coyolxauhqui, la diosa con cascabeles en las mejillas, malévola hermana de Huitzilopochtli. De acuerdo al mito, Coyolxauhqui conspiró con sus cuatrocientos hermanos para matar a su madre, Coatlicue, cuando estaba por dar a luz a Huitzilopochtli, quien desde el seno materno la consolaba diciéndole que nacería armado para combatir a sus hermanos y hermana. Así pues nació Huitzilopochtli completamente armado y procedió a matar a sus hermanos y a Coyolxauhqui, decapitándola y desmembrándola. De esta forma aparece representada en el monolito, que probocó un nuevo énfasis en el descubrimiento del recinto sagrado de México-Tenochtitlan. Varios arqueólogos recibieron el apoyo que necesitaban del gobierno para iniciar una excavación sistemática y metodológica del Templo Mayor.

El proyecto "Templo Mayor" inició sus pesquisas en marzo de 1978, bajo la coordinación de Eduardo Matos Moctezuma quien planteó tres fases en la investigación. La primera fase consistió en recopilar la información disponible de carácter arqueológico e histórico. La segunda, consistió en la excavación misma, y la tercera, en la interpretación de datos obtenidos.

El personal del proyecto "Templo Mayor" basó sus investigaciones en excavaciones realizadas en el área, y en las descripciones de los conquistadores y cronistas del siglo XVI, gracias a quienes sabemos que el Templo Mayor tenía sobre su nivel más elevado dos estructuras, una dedicada a Tlaloc y otra a Huitzilopochtli.

Bernal Díaz del Castillo, uno de los soldados de Hernán Cortés, escribió respecto a los santuarios arriba mencionados:

*Templo Mayor: El Templo de Tlaloc
ubicado en el lado norte, y el de
Huitzilopochtli en el lado sur.*

*Piedra de los Sacrificados frente
al Templo de Huitzilopochtli.*

En cada altar (estructura) estaban dos bultos, como de gigante, de muy altos cuerpos y muy gordos, y el primero, que estaba a mano derecha, decían que era el de Uichilobos (sic), su dios de la guerra.

Fray Bernardino de Sahagún escribió sobre Tlaloc lo siguiente:

Este dios llamado Tlaloc Tlamacazqui era el dios de las lluvias. Tenían que él daba las lluvias para que regasen la tierra, mediante la cual lluvia se criaban todas las yerbas, árboles y frutas y mantenimientos; también tenían que él enviaba el granizo y los relámpagos y rayos, y las tempestades del agua, y los peligros de los ríos y de la mar. El llamarse Tlaloc Tlamacazqui quiere decir que es dios que habita en el paraíso terrenal, y que da a los hombres los mantenimientos necesarios para la vida corporal.

El Templo Mayor estaba construido sobre una plataforma general sobre la que se apoyaba un gran basamento piramidal de cuatro cuerpos, con dos escaleras que conducen a los templos de Tlaloc, al Sur, y Huitzilopochtli, al Norte. Los cronistas describieron detalladamente las ceremonias que allí se llevaban a cabo así como los sacrificios humanos que se hacían en honor de sus dioses, en dónde y cómo se hacían. Uno de los hallazgos más interesantes del Templo Mayor fue una losa de piedra volcánica negra, la piedra de los sacrificios, ubicada frente al templo de Huitzilopochtli ampliamente descrita e ilustrada por los cronistas del siglo XVI.

En la misma posición que guarda la piedra de los sacrificios en relación con el templo de Huitzilopochtli, se encontró *in situ* un Chac Mool policromado, a la entrada del templo de Tlaloc. Eduardo Matos ha interpretado a la piedra de sacrificios y al Chac Mool hallados frente a cada uno de los templos como símbolos duales. La piedra de los sacrificios donde morían los cautivos de guerra y el Chac Mool, el mensajero divino, de carácter más religioso, pertenecen ambos a una primitiva construcción del Templo Mayor denominada Época II, posiblemente alrededor de 1428 D.C.

Antes de proseguir con las descripciones y los hallazgos del Templo Mayor, debemos mencionar que el coordinador del Templo Mayor ha descrito hasta diez épocas constructivas del mismo.

El Templo Mayor como Cerro Sagrado

El Templo Mayor fue concebido por los mexicas como Coatepec, el cerro serpiente, el lugar mítico del nacimiento de su dios Huitzilopochtli concebido como el sol; era el lugar donde el mito se reactualizaba constantemente. Algo similar sucedía con la ceremonia de Panquetzaliztli que conmemoraba el ritual del sacrificio de cautivos en el Templo Mayor, frente al templo de Huitzilopochtli. Matos Moctezuma ha sugerido que el sacrificio no es otra cosa que la repetición del acto que realizó Huitzilopochtli con su hermana Coyolxauhqui: inmolar a la víctima en lo alto del templo y arrojar su cuerpo por la escalinata, que cae desmembrándose. Desde el punto de vista cósmico el acto se interpreta como el triunfo diario del sol sobre la luna.

Etapas constructivas del Templo Mayor

Etapa II

La estructura más antigua del Templo Mayor, conocida como Etapa II, cuenta con dos fechas que se encontraron en el último escalón que conduce al templo de Huitzilopochtli, estas fechas se encuentran grabadas en piedra, sobre la cara de un personaje que aparece en el último escalón de la escalinata; están inscritas en cartuchos lo cual indica que representan años. La identificación de una de ellas es problemática ya que los numerales se encuentran destruidos. La otra, muestra un glifo con lo que parece representar dos numerales y un conejo, Matos ha interpretado estos símbolos como correspondientes al año 1390 D.C., aunque la interpretación presenta problemas porque la placa se encuentra parcialmente destruida y no se puede tener certeza de que hayan existido más numerales.

Etapa III

La plataforma del Templo Mayor sufrió un agrandamiento considerable y en su parte posterior se encontró la fecha 4-Caña, identificada por el historiador M. León Portilla como el año 1431 D.C., correspondiente al gobierno de Itzcoatl (1426-1440). Esta fecha es muy importante en la historia de los mexicas, ya que marca la etapa de ascenso político y económico en el Valle de México.

Chac Mool policromado localizado en la entrada del Templo de Tlaloc. Templo Mayor.

Portaestandartes encontrados en la escalinata que conducía al Templo de Huitzilopochtli. Etapa III del Templo Mayor.

Etapa IV

Durante la Etapa IV hubo un agrandamiento de todo el Templo y en la parte posterior de la plataforma correspondiente al lado de Huitzilopochtli se encontró el glifo 1-Conejo, equivalente al año de 1454 D.C. Esta época es quizá una de las etapas más ricas que hicieron al Templo Mayor, más suntuoso.

La Etapa IVb tiene un añadido parcial, especialmente en el frente de la fachada principal (lado poniente). Se encontraron unas enormes serpientes de piedra con cuerpo ondulante que conservan restos de su pintura. En el lado Sur de la pirámide se encuentra un glifo con la fecha 3-Casa, equivalente al año 1469 D.C., fecha interpretada por el Dr. León Portilla.

Son especialmente importantes las ofrendas ubicadas alrededor de la escultura de Coyolxauhqui. Su contenido fue muy variado, desde placas de turquesa hasta restos óseos: varios grupos de cascabeles, varios cuchillos de sacrificio, y seis cráneos humanos. También se encontraron restos de animales: dos cocodrilos, un pez completo, un jaguar y restos óseos de lo que parece haber sido un águila.

También parte de la Etapa IVb o Época IVb pertenece un pequeño altar, conocido como el "Altar de las Ranas", está ubicado en el lado dedicado al Templo de Tlaloc, y era parte del culto del agua y de la lluvia.

En el templo de Huitzilopochtli se encontró una lápida de dos metros con serpientes esculpidas en bajorrelieve que forman parte del cuarto escalón de la plataforma.

Serpiente de piedra con cuerpo ondulante conservando restos de su pintura original. Etapa IVb del Templo Mayor.

Pequeño altar conocido como "Altar de las Ranas". Etapa IVb del Templo Mayor.

Etapa V

Esta etapa no fue tan impresionante como la anterior, corresponde sólo parte del piso del gran recinto ceremonial elaborado a base de grandes lajas unidas entre sí por estuco, lo cual es una característica de las construcciones prehispánicas.

Etapa VI

Es la penúltima etapa del Templo Mayor. La fachada principal de la plataforma presenta tres cabezas de serpiente, ubicadas hacia el poniente. Los templetes que se encuentran en el lado Norte, el basamento de las águilas junto con el patio de lajas en donde descansan los adoratorios y el basamento de las águilas son parte de las construcciones correspondientes a este periodo. En el lado Sur existe un templo pintado de rojo y por lo mismo recibe el nombre de "Templo Rojo", muy semejante al que se encuentra en el lado norte.

De los tres adoratorios destaca por su decoración el adoratorio B, adornado en sus tres lados por 240 cráneos diferentes esculpidos en piedra, recubiertos de estuco y pintados de color blanco, a imitación de un *tzompantli* o altar de calaveras.

Etapa VII

Esta fue la etapa que presenciaron los españoles. Se conserva parte del piso de lajas del recinto ceremonial. En el lado Noreste se puede apreciar parte de la plataforma. Todo parece indicar que los adoratorios de la Etapa IV fueron cubiertos por piedras y tierra, y sobre éstos se

*Decoración del
Templo de las Aguilas.*

*Adoratorio B-Tzompantli (Altar de
Calaveras). Etapa VI del Templo Mayor.*

construyó el piso de la última etapa, así el Templo Mayor ya no aumentó sus proporciones sino que aprovechó la plataforma ya existente.

En cuanto a las fechas se refiere, la lápida de la dedicación del Templo Mayor probablemente se erigió durante el reinado de Ahuitzotl, puesto que aparece el glifo 8-Caña equivalente al año 1487 D.C.

Parece ser que todos los *tlatoanis* (gobernantes), después de la guerra con los tepanecas intentaron reconstruir el Templo Mayor en su totalidad (o por lo menos parcialmente) y parece ser que cada evento de importancia durante el reinado de los diferentes *tlatoanis* lo conmemoraban colocando una placa en el nuevo edificio según lo ha probado la Dra. Emily Umberger, en el Templo Mayor también se celebraban eventos históricos y políticos, y se presenciaban muertes y ascensos al trono, así como las victorias sobre los grupos y ciudades enemigas.

Ofrendas

Más de cien ofrendas fueron encontradas en el Templo Mayor, entre las principales se encuentran:

1. Ofrendas colocadas en el interior de un **recinto** con pisos estucados y paredes de piedra.

2. Cajas de piedra con su tapa.

3. Ofrendas localizadas en cavidades distribuidas en toda el área del Templo Mayor.

En la etapa constructiva IVb se ha encontrado el mayor número de ofrendas colocadas en tres ejes fundamentales:

*Ofrenda que contiene restos óseos
humanos (posiblemente de sacrificados).
Templo Mayor.*

*Ofrenda que contiene restos marinos:
conchas, caracoles, corales, etc.
Templo Mayor.*

1. Frente a la escalera de Huitzilopochtli y alrededor de la escultura que representa a Coyolxauhqui.

2. Frente a la escalera de Tlaloc.

3. Frente a la unión de los edificios de Tlaloc y de Huitzilopochtli.

Contenido de las ofrendas

Grandes cantidades de imágenes representan dioses y están talladas en piedra y otros materiales. Hay vasijas, objetos en miniatura, figurillas, máscaras, utensilios de sacrificio y huesos y cráneos de los sacrificados. En la ofrenda No. 48 se encontraron varios restos óseos especialmente de niños entre siete y ocho años.

Muchos de los objetos fueron llevados al Templo Mayor como parte del tributo que pagaban las provincias tributarias sujetas al Imperio Azteca, como los provenientes de Mezcala, del área de Guerrero. También se encontraron varios objetos de joyería: collares hechos de concha nácar (conchas madreperla), cuentas de oro y de jade (piedra verde), material mesoamericano muy preciado y que lo era aún más que el oro.

Dioses recurrentes en las ofrendas

Las representaciones de Tlaloc y de Xiuhtecuhtli fueron las más abundantes en las ofrendas del Templo Mayor, algunas de las efigies aún conservan restos de color y de estuco.

No es sorprendente haber encontrado una gran cantidad de representaciones de Tlaloc, ya que era la deidad

Escultura que representa a Tlaloc. Templo Mayor.

Esta máscara procedente de Mezcala actual estado de Guerrero fue descubierta entre las ofrendas del Templo Mayor.

que compartía con Huitzilopochtli el sitio de mayor importancia en el Templo Mayor. Lo sorprendente fue el hecho de que no se encontraron imágenes de Huitzilopochtli, el dios principal de los aztecas.

Urnas funerarias, restos humanos

Los restos humanos que se encontraron en las urnas funerarias fueron de tres tipos:

1. Restos óseos de las víctimas muertas en sacrificio;

2. cráneos con decoraciones (a veces denominadas máscaras-cráneo); y

3. restos de cenizas de *tlatoanis,* probablemente o de personas nobles.

Vasijas encontradas en las ofrendas del Templo Mayor

Las vasijas relacionadas con los dioses de la fertilidad y de la agricultura, las que representaban a Tlaloc y Chalchiuhtlicue, y las decoradas con imágenes de las diferentes diosas del maíz, fueron las más abundantes.

Lo que las ofrendas confirmaron

Las diferentes ofrendas encontradas en el Templo Mayor confirmaron la presencia de objetos elaborados en diferentes partes del Imperio, Veracruz, Guerrero y el área mixteca; pues el tributo llegaba a Tenochtitlan en formas diversas desde las diferentes provincias de lo que hoy llamamos República Mexicana.

Se encontraron grandes cantidades de máscaras estilo Mezcala de Guerrero. Se descubrieron también objetos de una gran antigüedad que se cree fueron depositados como reliquias en las ofrendas del Templo Mayor, como el caso de una máscara olmeca que se estima tenía más de veinte siglos de antigüedad antes de haber sido depositada en la Ofrenda 20, localizada en la unión de los edificios de Tlaloc y de Huitzilopochtli. Es sin duda el objeto más antiguo hallado en las excavaciones del Templo Mayor.

La presencia colonial

La presencia colonial no sólo es notable en la arquitectura que circunda el área del Templo Mayor sino que también se aprecia dentro de sus lindes, como lo comprueba el grifo de una pileta ubicado cerca del Templo Rojo del lado Sur. Igualmente aparecieron restos cerámicos de diversos tipos y, lo que resulta interesante, restos de cerámica china de las dinastías Ming y Ching.

Simbolismo del Templo Mayor

Para penetrar en el simbolismo del Templo Mayor[*]es necesario recurrir a datos arqueológicos y a los mitos o leyendas nahuas que conocemos, como el nacimiento de Huitzilopochtli transcrito en páginas anteriores.

* MATOS MOCTEZUMA, Eduardo, *Una visita al Templo Mayor de Tenochtitlan*, INAH, México, 1981.

De ellos se desprende que para el mexica el Templo Mayor representa dos cerros: uno dedicado a Tlaloc, a quien se le rinde culto en lo alto de los cerros y según se le representa en el Códice Borbónico, y el otro a Huitzilopochtli. Este último es un cerro específico, el cerro de Coatepec, en donde se verifica el nacimiento del dios que luchara en contra de su hermana Coyolxauhqui. Por esto, nada está colocado al azar en el Templo Mayor: al fundar Tenochtitlan muchos años después de aquella lucha, los mexicas vuelven a reproducir todo lo ocurrido en Coatepec, el Templo Mayor será el cerro mismo con sus cabezas de serpientes que le dan nombre pues Coatepec quiere decir "cerro de la serpiente", y los protagonistas de la lucha estarán ubicados en el lugar que el mito les depara: Huitzilopochtli arriba, en lo alto del cerro-templo, y Coyolxauhqui al pie, decapitada y desmembrada. El ritual del sacrificio de cautivos en el Templo Mayor de Tenochtitlan no era otra cosa que la repetición de lo que Huitzilopochtli hizo con su hermana, inmolada la víctima en lo alto del templo, se arrojaba el cuerpo por la escalinata, y al llegar abajo, quedaba desmembrado.

Estos sacrificios en el Templo Mayor eran la reactualización del mito, la presencia diaria de la lucha entre la luz y las tinieblas, entre el día y la noche; significan un tiempo mítico, el nacer diario del sol, el surgimiento del dios guerrero. Y no sólo eso, sino que la presencia de ambos dioses en la parte alta del Templo Mayor indica la necesidad económica del mexica que se sustentaba en dos aspectos fundamentales: por un lado, en la producción agrícola, de ahí la importancia de Tlaloc y el agua; y por el otro, en la guerra como medio para abastecerse de un tributo impuesto por conquista militar, de donde se deriva la importancia de Huitzilopochtli como

Sacrificio humano azteca según el Atlas de Durán.

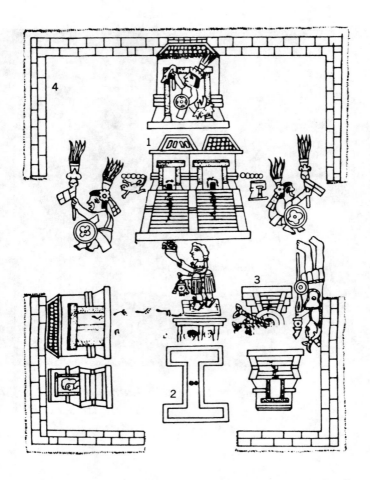

Plano del recinto sagrado de México-Tenochtitlan de acuerdo a Sahagún (Códice Florentino).

1. Templo Mayor con los templos de Tlaloc (izquierda) y Huitzilopochtli (derecha).
2. Cancha para el juego de pelota.
3. Piedra para sacrificios gladiatorios.
4. Coatepantli o muro de serpientes.

FASES DE CONSTRUCCIÓN DEL TEMPLO	FECHAS ASOCIADAS	EVENTOS CONMEMORADOS	TLATOANIS
I (inexplorado)			
II	(?) Casa 2 (?) Conejo (1390?)	Desconocido	Acamapichtli (1375-1395) Huitzilihuitl (1396-1417) Chimalpopoca (1417-1427)
III	probablemente 4 Caña (1431)	Guerra de los tepanecas	probablemente Itzcoatl (1427-40)
IV	1 Conejo (1454)	Cambio en el ciclo de 52 años	Moctezuma I (1440-69)
IVb	3 Casa (1469)	Muerte de Moctezuma I y acceso al poder de Axayacatl	Moctezuma I (probablemente lo construyó) Axayacatl (1469-81)
V	Desconocido	Desconocido	Axayacatl
VI	probablemente 8 Caña (1487)	Acceso al poder de Ahuitzotl Ascendencia de los mexicas	Tizoc (1481-86) (lo empezó) Ahuitzotl (1486-1502) (lo terminó)
VII	Desconocido	Desconocido	Moctezuma II (1502-20)

Según E. Umberger

dios de la guerra. Las ofrendas encontradas nos han aportado más de 5,000 objetos entre los que destacan precisamente aquellos relacionados con Tlaloc. Así tenemos efigies de este dios en ollas de barro, en piedra, o en símbolos asociados a él, como caracoles, corales, peces, cocodrilos, ranas, tortugas, muchos de ellos traídos desde las costas que estaban bajo el control mexica. Por otra parte, dentro del insoslayable legado de la guerra perduran cráneos de decapitados, cuchillos de obsidiana y de sílex y gran cantidad de objetos que proceden de las áreas conquistadas: esculturillas y cerámica mixtecas, máscaras de piedra procedentes del actual estado de Guerrero, urnas de Veracruz, piezas de alabastro de la región de Puebla... y ninguna pieza de áreas no sujetas a tributo.

El Templo Mayor no sólo es el mito vivo, sino que es la necesidad de un grupo por sobrevivir: Tlaloc y Huitzilopochtli, agua y guerra, vida y muerte, todo ello plasmado en una realidad: el Templo Mayor de Tenochtitlan.

El
arte

La escultura azteca

"El lapidario está bien enseñado y
examinado en su oficio, buen conocedor de
piedras, las cuales para labrarlas quítales
la raza, córtalas y las junta, o pega con
otras sutilmente con el betún para hacer obra
de mosaico.

El buen lapidario artificiosamente labra e
inventa labores, sutilmente esculpiendo
y puliendo muy bien las piedras con
sus instrumentos que usa en su oficio.

El mal lapidario suele ser torpe o bronco,
no sabe pulir sino que echa a perder
las piedras, labrándolas atolondronadas o
desiguales, o quebrándolas, o haciéndolas
pedazos."*

Los orígenes de la tradición escultórica monumental
en el Altiplano de México parecen ser oscuros y difíciles
de localizar durante el periodo Preclásico. No es sino
hasta el periodo Clásico (ca. 1-700 D.C.), que podemos
hablar de escultura monumental en el Altiplano.

En el templo de Quetzalcoatl aparecen frisos labrados
en piedra que representan a Tlaloc y serpientes emplu-

* Fray Bernardino de Sahagún, *Historia General de las Cosas
de Nueva España.*

madas. Igualmente surgen esculturas de grandes dimensiones que más que nada parecen grandes cubos con relieves, sobresalen las esculturas de Chalchiuhtlicue y la escultura colosal de Tlaloc que actualmente se encuentra afuera del Museo de Antropología. Ambas esculturas parecen haber servido para sostener techumbres de edificios.

Los orígenes de la escultura azteca en piedra se remontan al periodo Clásico (300-900 D.C.). En las culturas de Veracruz por ejemplo, se produjeron grandes cantidades de figuras hechas en terracota que representaban, entre otros temas, mujeres hincadas en posiciones pasivas. Posteriormente, durante el periodo Postclásico temprano (900-1200 D.C.), los aztecas reproducirían el mismo tema sólo que en piedra. Esther Pasztory opina lo que al parecer novedoso en el periodo Postclásico no es necesariamente la temática sino el material. Por otra parte, es bien sabido que los aztecas, y sobre todo sus dirigentes políticos, estaban obsesionados con ideas de permanencia y grandeza, y la piedra es el medio ideal a través del cual los aztecas podrán dejar su huella. Seguramente los nobles, líderes políticos y sacerdotes se encargaron de ordenar obras de arte para que los acontecimientos históricos, las fechas de importancia y las hazañas de sus dirigentes perduraran en el tiempo y, precisamente a través de la piedra y de la escultura, imprimieron su obsesión de grandeza y permanencia, así como sus necesidades religiosas.

La manera de exponer los temas religiosos y políticos fue nueva, así como la manera de presentar la estructura del universo y su carácter sagrado. Igualmente nueva fue la manera en que plasmaron la fusión del orden social y del territorio nacional con una estructura cos-

*Los artistas y artesanos pasaban
sus conocimientos de generación en
generación. Padre-hijo, madre-hija, ya
que al llegar a la edad adulta ellos
continuarían las labores de los padres.
El dibujo, proveniente del Códice
Mendoza, muestra a un padre
enseñándole a su hijo las artes
lapidarias.*

mológica. Se representa a Tenochtitlan como pueblo triunfador y legítimo sucesor de la antigua civilización.

El papel de la escultura azteca metropolitana

Los aztecas no tenían un término para designar el concepto de *arte*, de hecho, no existía el arte por el arte, los artistas gozaban de buena reputación en la sociedad pero se encontraban subordinados a los sacerdotes que controlaban y limitaban su capacidad creativa. La producción no rebasaba su carácter religioso: deidades y objetos rituales o la glorificación y exaltación de los *tlatoanis* y del Imperio Azteca; se comunicaba, a través de las obras, el orden político y religioso imperante. El arte era un medio para exhibir poderío y prestigio político, y su papel principal era el de actuar como llave para el funcionamiento de la religión en concordancia con el Estado. La escultura monumental producida en la capital azteca funcionaba como instrumento propagandístico del Estado y para recordar eventos y hazañas de los dirigentes políticos, un ejemplo de esto puede apreciarse en la llamada Piedra de Tizoc, séptimo *tlatoani* mexica, donde se conmemoran las batallas de Tizoc en su afán por conquistar más ciudades para el Imperio Azteca.

Desde el punto de vista religioso, las esculturas jugaban un papel didáctico importante; los artistas usaban ideas religiosas arraigadas desde tiempos muy remotos en las culturas precedentes y las hacían propias, reafirmando así la legítima sucesión de las grandes civilizaciones pasadas, especialmente la tolteca.

De acuerdo a los estudios de R. Townsend, los artistas aztecas utilizaron como parte de su nueva tradición iconográfica temas históricos dentro de un contexto cós-

Piedra de Tizoc. Museo Nacional de Antropología, Ciudad de México.

mico, se aprecia una preocupación por ideas acerca del tiempo y del espacio cósmico, un ejemplo de ello lo constituye el llamado "Calendario Azteca".

Características de la escultura azteca en bulto

El arte azteca, si bien tomó muchos elementos de diferentes culturas mesoamericanas, tiene un estilo inconfundible. Entre sus características destacan las siguientes:

1. Se presta mucha atención a los detalles anatómicos en las representaciones humanas y animales.

2. Hay una preocupación general por reproducir el tipo físico azteca con gran facilidad: cara ancha, ojos almendrados, nariz aguileña, pómulos salientes, boca ancha, labios gruesos, dientes parejos y complexión delgada.

3. Las uñas, las líneas de las palmas de las manos, las arrugas de la frente y de la cara en general se representan con toda exactitud tanto en hombres como en mujeres.

4. Superficies convexas representan los músculos.

5. En la figura humana femenina la clavícula, el esternón y los dientes se reproducen con perfección.

6. Son comunes las figuras de personas enfermas de tuberculosis y otros males.

7. Otra característica es la insistencia en reproducir cráneos y símbolos mortuorios.

8. La escultura la constituían objetos de culto con una temática muy compleja abundante en símbolos e insignias; ejemplo de esto son los *cuauhxicallis* (cajas de piedra), los *xiuhmolpillis* (ataduras de años), y las esculturas del tipo del llamado "Calendario Azteca".

Todas las innovaciones citadas pertenecen al campo de la escultura en piedra, aunque esto no quiere decir que no las haya en otro tipo de materiales como en el caso de las esculturas de terracota del periodo Clásico en Oaxaca y en Veracruz. Sabemos que los aztecas fueron excelentes escultores en madera aunque sólo se conservan pocas obras.

La gran mayoría de las esculturas aztecas no pueden atribuirse a un centro de producción específico, quizá con la única excepción de las esculturas producidas en México-Tenochtitlan durante el auge del Imperio Azteca.

Influencias del estilo escultórico de Xochicalco en el arte azteca

El sitio arqueológico de Xochicalco fue especialmente activo a finales del periodo Clásico. La mezcla de varias culturas es evidente sobre todo en sus obras escultóricas. Xochicalco absorbe influencias de Teotihuacan, del Sur de Monte Albán, del Sur de Puebla, de Veracruz y de la cultura Maya, el resultado de esta combinación es distintivo, ecléctico. La escultura, realizada casi exclusivamente en relieve, se caracteriza por su énfasis en las líneas curvas, sin caer en un barroquismo de detalles excesivos.

Xochicalco influenció a las ciudades aztecas de Chalco y de Tlalmanalco, según estudios de E. Umberger (1981).

Influencias de la Mixteca-Puebla

Una de las influencias más fuertes en la escultura azteca proviene de la zona del Occidente de Oaxaca y Sur de Puebla, el estilo de la Mixteca-Puebla, claramente notorio en el Códice Borgia, sus características son las siguientes:

Líneas de precisión casi geométrica.
Colores muy variados y brillantes.

La iconografía utiliza entre otros estos símbolos:

el disco solar
el disco lunar
bandas terrestres
el símbolo del Planeta Venus
calaveras y esqueletos con huesos de líneas dobles
el símbolo del jade y de lo precioso (*chalchihuitl*)
el agua
el fuego
el corazón
la guerra sagrada (*atl-tlachinolli*)
escudos, flechas e insignias
montañas o lugares
flores (con bastantes variantes)
ojos estilizados que aparecen como estrellas
grecas escalonadas

Relieve de la pirámide principal de Xochicalco, estado de Morelos.

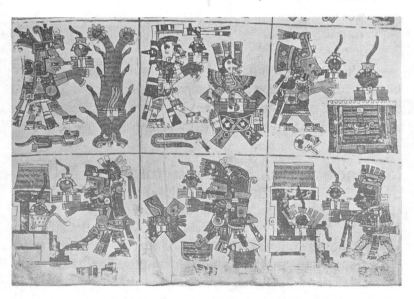

Página del Códice Borgia. Estilo de la Mixteca-Puebla.

la concha cortada en espiral
y los veinte signos del *tonalpohualli*

Grupos de símbolos más comunes

Hileras alternadas de cráneos y huesos cruzados
(a menudo combinados con corazones, manos cor-
tadas, y otros).

Entre los animales más frecuentemente representados se encuentran:

serpientes (generalmente emplumadas)
jaguares
conejos
arañas
venados

Todas las características aparecen muy marcadas en
la escultura en relieve y deben haber sido tomadas direc-
tamente de los Códices e inscritas en la piedra y la
madera con interpretaciones un tanto más realistas.

Influencia tolteca en la escultura azteca

Los mitos aztecas se refieren al periodo tolteca (900 a
1179 D.C.) como una época de oro, de grandes artistas
y artesanos a quienes atribuían haber sido los primeros
en trabajar los metales. Pensaban que Topiltzin-Quetzalcoatl tenía palacios de oro, piedras preciosas, conchas
marinas y plumas, y se sentían sucesores de la gran civilización tolteca.

SIMBOLOS RECURRENTES EN EL ARTE AZTECA

Disco Solar

Cráneo

Corazón

Hueso

Espina de maguey

Agua

Caracol

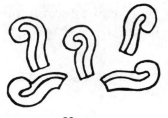
Humo

Cuchillo

Códice Borbónico

Para las expresiones escultóricas los aztecas tomaron de los toltecas los siguientes temas:

Chac Mooles
Portaestandartes
Cariátides o atlantes (guerreros ricamente ataviados)
Banquetas con relieves que muestran procesiones de guerreros portando grandes tocados con plumas, joyas, faldillas con dardos y escudos.

Influencias toltecas desde el punto de vista constructivo

Coatepantli

Contribución tolteca notable desde el punto de vista arquitectónico es el muro de serpientes o *coatepantli*.

Tzompantli

Originalmente, el *tzompantli* consistía de un armazón de madera donde se espetaban los cráneos de los sacrificados despojados ya de toda materia orgánica corruptible, sin duda una manifestación muy poderosa del culto a la guerra y la muerte.

Diferencias entre la escultura tolteca y la azteca

Los Chac Mooles aparentemente aparecieron en el repertorio artístico mesoamericano a principios del periodo Postclásico (ca. 900-1187) y continuaron haciéndose

Banqueta tolteca que muestra guerreros en procesión. Tula, Hidalgo.

Banqueta azteca decorada con guerreros. Templo Mayor.

hasta la llegada de los españoles; son característicos de Tula, estado de Hidalgo y también de Chichén Itzá, Yucatán. Los Chac Mooles aztecas se diferencían de los toltecas por su realismo y complejidad iconográfica.

Esculturas aztecas más frecuentemente representadas

A juzgar por el número de esculturas que existen, podemos comprobar el carácter básicamente agrícola del pueblo azteca, pues todos sus númenes estaban de una o de otra forma relacionados con la agricultura. Contamos con grandes cantidades de esculturas que representan deidades del maíz, las más abundantes en el Valle de México. Le siguen en cantidad las representaciones de Tlaloc "dios de la lluvia" y las de su consorte, Chalchiuhtlicue. Igualmente cuantiosas son las esculturas que representan al dios viejo (Huehueteotl) o a las del dios del fuego (Xiuhtecuhtli).

CHALCHIUHTLICUE, de *chalchiuitl* = jade y *cueitl* = falda, "la que lleva una falda de piedras preciosas", la diosa de la falda de jade. Chalchiuhtlicue estaba cercanamente asociada a Tlaloc, y se le encuentra descrita en las fuentes históricas como su hermana, su esposa o su madre. Ella se encargaba del agua dulce, de las lluvias, de los lagos y de los ríos, y de la fecundación de las tierras cultivables. Generalmente se la representaba con un tocado formado por tres bandas o tiras anudadas. Su tocado característico se identifica por las hileras de círculos que rodean las bandas tanto de la frente como las que van sobre la cabeza. El tocado se anuda en la parte de atrás y de éste penden dos trenzas de las que cuelgan dos borlas.

Chac Mool tolteca.

*Chac Mool azteca. Museo Nacional de
Antropología, Ciudad de México.*

*Escultura de la diosa Chalchiuhtlicue
cubierta con un "quechquemitl"
adornado con borlas. Museo
Anahuacalli, Ciudad de México.*

Las trenzas de Chalchiuhtlicue son de "algodón", ya que el pelo se dejaba suelto. Generalmente lleva un *quechquemitl* también decorado con borlas. Sus manos descansan sobre sus rodillas. Su falda (*cueitl*) llega hasta los talones y casi siempre se le ve sentada en la posición típica de las mujeres aztecas, sentada sobre los pies encontrados. A diferencia de algunas deidades masculinas, estas diosas no portan sandalias, a pesar de que en los Códices suelen llevar sandalias blancas.

Los atributos de Chalchiuhtlicue se ven muy a menudo presentes en otras deidades de la fertilidad como las del maíz, lo que hace difícil a veces su identificación.

Portaestandartes

Los toltecas hicieron uso de la escultura en piedra como parte de la decoración arquitectónica. Además de las cariátides o representaciones de hombres ataviados para la guerra, de los relieves de guerreros en procesión y de los Chac Mooles sobresalen las esculturas exentas de portaestandartes.

Desafortunadamente, no se sabe ni la función específica de estas esculturas ni dónde se colocaron. Gracias a las piezas encontradas en la zona maya-tolteca en Chichén Itzá, podemos inferir que los portaestandartes toltecas también se colocaban en las escalinatas que conducían a los templos.

En las excavaciones del Templo Mayor se encontraron ocho personajes (portaestandartes) localizados en la escalera que conducía al templo de Huitzilopochtli, pertenecientes a la Etapa III del Templo Mayor. Este hallazgo comprueba que la influencia tolteca siguió sintiéndose en la cultura azteca tanto en la función, como en la colocación de las esculturas. Los portaestandartes antes mencionados se asemejan mucho a los producidos en Tula, ya que aún siguen un geometrismo en sus formas y en su composición.

En Tula también se encontraron portaestandartes que representan animales, especialmente jaguares; dichos animales tienen un orificio en la parte posterior del cuello, en donde se cree que se les colocaba una bandera o un estandarte.

En el Templo Mayor, en el llamado "Altar de las Ranas", se ven dos ranas-portaestandartes, que presentan los mismos orificios que los jaguares de Tula, por lo cual se cree que tenían la misma función.

Como parte del nuevo repertorio artístico azteca, encontramos también portaestandartes de mujeres con el rostro descarnado y que posiblemente funcionaron como portaestandartes en algún templo relacionado con los dioses de la muerte. Este tipo de portaestandartes parece ser un concepto propiamente azteca. Las manos cerradas parecen haber sostenido algún estandarte o insignia.

Los hombres en el arte mexica

El escultor azteca trató de reproducir su tipo físico en la escultura; pueden apreciarse los rasgos más típicos: cara ancha, ojos almendrados, nariz aguileña, pómulos salientes, labios gruesos y dientes parejos. En ocasiones se ve hasta la complexión mediana de los individuos y la edad: representan niños, adolescentes, viejos encorvados con arrugas y sin dientes.

La condición económica de los hombres también puede detectarse a través de la escultura. Es bien sabido que entre mejor era la posición económica y social del

Portaestandarte tolteca.
Museo Regional de Tula, Hidalgo.

individuo se le permitía usar más ropajes y joyas. Los macehuales o *macehualtin* (gente del pueblo) vestían sólo un *maxtlatl* o taparrabo y la mayoría de las veces se les ve descalzos, en el mejor de los casos se ven horadaciones en las orejas, lo que permite pensar que deben haber llevado orejeras de obsidiana o de algún material no muy costoso.

Richard Townsend opina que las esculturas de hombres desnudos pueden haberse utilizado a manera de maniquíes y que éstos se vestían según la ocasión, personaje o dios que pretendieran representar.

Los artistas adiestrados no vacilaron en reproducir todo lo que vieron en la naturaleza. En cuanto al hombre, reprodujeron con gran fidelidad tanto al sano como al enfermo, y en ocasiones se ven individuos con el pecho deforme por afecciones pulmonares, posiblemente tuberculosis, pues esta enfermedad fue bastante común entre los aztecas.

De las líneas anteriores se puede deducir que los escultores reproducían la forma humana con gran exactitud y realismo.

Existen esculturas de gobernantes como la escultura de Moctezuma II (ca. 1502-20 D.C.) en Chapultepec, pero es imposible afirmar que las esculturas de individuos en el poder eran comunes en todo el Imperio Azteca.

Representaciones de guerreros

Como ya se mencionó, se continúan con las líneas generales de las representaciones surgidas en Tula. Hay consistencia e insistencia en la ideología del periodo Postclásico: preocupación por las órdenes marciales, culto a la guerra, escenas de sacrificio, utensilios tanto para la

Escultura azteca que representa con gran realismo una cabeza humana. Museo Nacional de Antropología, Ciudad de México.

guerra como para el sacrificio. Se hacen abundantes jícaras del águila o *cuauhxicallis* donde se colocan la sangre y corazones de los sacrificados y se representan guerreros armados con sus trajes de "caballero águila" o "caballero jaguar" (*Ocelotl*).

El águila simbolizaba el sol a quien los aztecas le ofrendaban los sacrificios. Las águilas eran aves del cielo, mientras que los jaguares (*ocelotes*) eran animales de la tierra. Tanto los caballeros águilas, como los caballeros tigres, se mantenían en una continua guerra, "la guerra sagrada", que tenía por fin abastecerse de víctimas para poder alimentar al sol con la sangre y los corazones de los sacrificados, y así, con su cuerpo y sangre, mantener el orden y armonía del universo.

Uno de los mejores ejemplos de este tipo de escultura en piedra es el "Caballero Águila" del Museo Nacional de Antropología e Historia, y en cerámica, las figuras recientemente encontradas durante las excavaciones del Templo Mayor en la parte Norte del mismo.

Las representaciones zoomorfas

Uno de los logros aztecas más notables dentro de la escultura lo constituyen las representaciones de animales, es sin duda la cultura de México que mejor supo reproducir las criaturas del reino animal en diferentes materiales. Entre ellas se ven águilas, coyotes, jaguares, peces, búhos, chapulines, monos, ranas, caracoles, perros y serpientes, sin duda uno de los temas predilectos de la escultura azteca.

Las serpientes de cascabel son sorprendentemente realistas, en ocasiones se notan los cascabeles con toda claridad. Desde el punto de vista mitológico, era también

Representación en piedra de un chapulín o langosta. Museo Nacional de Antropología, Ciudad de México.

Cabeza de piedra de un guerrero Aguila. Museo Nacional de Antropología, Ciudad de México.

uno de los animales más importantes, pues pensaban que la superficie de la tierra estaba cubierta por una serpiente emplumada. Por la abundancia de serpientes en el Valle de México durante tiempos prehispánicos, así como por la capacidad de este animal para vivir en diferentes entornos ecológicos, las asociaban con varios fenómenos naturales, como rayos y movimientos acuáticos. La serpiente fue además considerada como símbolo de fertilidad por excelencia, de metamorfosis y de cambio, y de renovación cíclica de la naturaleza; por lo mismo la variedad de representaciones es muy extensa, las hay enroscadas, emplumadas y una serpiente de turquesa o *Xiuhcoatl* más parecida a un dragón que a una serpiente. Este último tipo de víbora generalmente se encuentra pintada de rojo y amarillo, debido a sus asociaciones ígneas. Los aztecas esculpían la cabeza de esta serpiente con un hocico extendido rodeado de círculos que representan ojos (los ojos nocturnos o las estrellas), se le representa con extremidades anteriores cortas y con garras, su cola está formada por trapecios y termina en forma de rayo. Este reptil era el Nahual (*Nahualli*) del dios del fuego Xiuhtecuhtli, así como de Tezcatlipoca y de Huitzilopochtli.

Algunas representaciones de serpientes tienen su base esculpida con relieves con nombres o con fechas en forma jeroglífica. También existen representaciones de Quetzalcoatl emergiendo de las fauces de serpientes emplumadas.

Representaciones de plantas

Las plantas, a juzgar por lo que se conserva en museos, fueron temas menos favorecidos por el escultor azteca, se encuentran, entre otras, representaciones de calabazas y cactus; es muy probable que estas esculturas hayan sido colocadas dentro de los templos como parte de la parafernalia ritual. La calabaza de diorita del Museo Nacional de Antropología e Historia es uno de los mejores ejemplos de representaciones fitomorfas.

Xiuhmolpillis o ataduras de años

Los *xiuhmolpillis* son piedras esculpidas que se hacían para colocar en tumbas rituales conmemorando el final del ciclo de 52 años, el siglo azteca. Al concluir el ciclo, se hacía la ceremonia del "Fuego Nuevo" con el fin de reafirmar la "ligadura o atadura de los años", evitando así la ruptura o el fin del mundo. Este tipo de representación se inició en Teotihuacan, durante el periodo Clásico, pero no fue sino hasta la época Postclásica y particularmente entre los aztecas cuando se hace con más frecuencia, añadiendo símbolos de muerte y de sacrificio así como fechas o nombres jeroglíficos-calendáricos. En el Museo de Antropología e Historia existe un *Xiuhmolpilli* en piedra con tres fechas: 1 muerte, 1 pedernal, y 2 caña al centro, mientras que las dos primeras fechas se encuentran a los lados. Las fechas 1 pedernal y 1 muerte se refieren a la vida y muerte de Huitzilopochtli, tan importante como la ceremonia.

Se sabe que los aztecas temían que al final del periodo de 52 años el sol no volviera a salir, para evitar esto, se hacían grandes sacrificios y procesiones al Cerro de la Estrella donde había un templo en donde los sacerdotes-astrónomos observaban los astros y constelaciones hasta que volvía a brillar el sol. En ese momento los sacerdotes sacrificaban a una víctima. Después en el

Cerro de la Estrella se hacía una señal luminosa visible en el resto del Valle de México. La muchedumbre congregada daba grandes alaridos de alegría y encendían todos los fuegos extinguidos y la noche se volvía más clara que el día. La gente se ponía ropa nueva, estrenaban vajillas nuevas y nuevos ídolos de barro, la humanidad se había salvado una vez más del desastre y el nuevo siglo empezaba.

El último Fuego Nuevo se celebró en 1507 bajo el gobierno de Moctezuma II o Moctezuma Xocoyotzin.

Centros de capacitación artística en el Valle de México

Los centros más frecuentemente mencionados parecen haber sido básicamente tres: Azcapotzalco, Coyoacan y Texcoco.

En la Crónica X, escrita por Tezozomoc en el siglo XVI, se menciona que los lapidarios de Azcapotzalco y de Coyoacan fueron comisionados para esculpir uno de los primeros monumentos oficiales de Tenochtitlan (p. 115, 1944), se trataba de una gran piedra circular para el combate gladiatorio (*temalacatl*).

Se sabe también que los escultores de Xochimilco gozaban de buena reputación por lo que se les contrataba para efectuar principalmente las esculturas del Templo Mayor junto con escultores de Azcapotzalco, que eran sin duda los artistas más destacados del Valle de México. Cuando un artista era contratado para trabajar para algún *tlatoani* azteca, su trabajo era bien remunerado. Por ejemplo cuando se encargó la erección de la estatua de Moctezuma II, los catorce escultores que participaron en la obra recibieron el tributo entero de una rica provincia veracruzana (comida, ropa, víveres, etc.) al iniciar el trabajo y una vez que la terminaron recibieron esclavos, platos, sal, ropa y el preciado cacao.

Los artistas gozaban de prestigio en el escalafón social y tenían privilegios y concesiones especiales. Como en las cortes europeas, los artistas aztecas podían residir en las residencias de los altos gobernantes mexicas.

*Cuauhxicalli o recipiente para guardar
los corazones de los sacrificados.
Museo de Berlín.*

Materiales utilizados en la manufactura de las imágenes aztecas

Los aztecas utilizaron prácticamente todos los materiales que tenían a su alcance para reproducir las imágenes de sus dioses y los objetos del culto. Estas imágenes variaban entre la miniatura y las proporciones colosales. Los materiales más usados, de acuerdo a las fuentes históricas, eran piedra, madera, masa de semillas de amaranto, obsidiana, plumas de distintos pájaros, turquesa, cobre, oro, papel y copal, entre otros.

Las imágenes hechas en piedra han sido las que mejor se han conservado. Prácticamente todas las deidades se esculpieron en piedra, además de las representaciones de seres humanos, animales, plantas y objetos rituales o conmemorativos.

Los escultores trabajaron mucho la piedra verde, el jade y la jadeita. El jade era una piedra muy preciada por todos los mesoamericanos y su uso se vinculaba a representaciones muy elaboradas y complejas, como la imagen de Quetzalcoatl y los recipientes donde colocaban la sangre y los corazones sacrificiales. La sangre y el corazón se equiparaban con el jade, y su nombre en Nahuatl, *chalchiuitl,* quiere decir "piedra preciosa"; los antiguos mexicanos lo apreciaban más que al oro. También se lo usaba para elaborar un sinnúmero de objetos como hachas y cinceles que servían a su vez para poder trabajar piedras más suaves, y objetos de joyería como orejeras y collares para la nobleza o para adorno de los dioses más importantes.

Los aztecas trabajaron el cristal de roca, un material muy difícil de esculpir por su gran dureza, sin embargo pudieron producir figuras de gran realismo y belleza.

Obsidiana

Este vidrio volcánico se ha usado en México desde tiempos prehistóricos, ya que se encuentra en diversas regiones del país. Desde un principio sirvió para elaborar navajas, cuchillos, imágenes divinas, animales y espejos, pues al pulirla profusamente es capaz de reflejar como espejo. El uso del espejo no tenía por entonces un uso cosmético preciso. La obsidiana tenía usos rituales adivinatorios, y en la escultura produjo piezas únicas como la vasija que representa a un mono y que se encuentra en la Sala Mexica del Museo de Antropología e Historia.

Madera

La madera, al igual que la piedra, fue uno de los materiales mejor trabajados por los aztecas con gran variedad de usos: en construcciones y muebles, en imágenes de dioses, en la fabricación de armas y herramientas, en canoas y en instrumentos musicales. En esta última categoría pueden incluirse los *teponaztlis* que se conservan en el Museo del Estado de México y en el Museo Nacional de Antropología e Historia, y el ejemplar que se encuentra en el Museo Británico. La madera fue el material más extensamente usado, tanto a nivel doméstico como religioso, por los *tlatoanis* y por los *macehuales*.

*Bello vaso de obsidiana en forma de
mono. Museo Nacional de Antropología,
Ciudad de México.*

*Detalle de un teponaxtle o tambor
de madera. Museo Nacional de
Antropología. Ciudad de México.*

Imágenes hechas con semillas de amaranto

Sabemos que se hacían dioses con semillas de amaranto, actualmente conocidas como alegrías, y que después se comían a manera de convite ritual. Se fabricaban especialmente para las festividades de los dioses de la lluvia y de los montes, y se les conocía como *tepictoton*.

Los barrios artesanales

Fernando de Alva Ixtlilxóchitl habla en sus obras históricas de las diferentes congregaciones artesanales que
existían en el México Antiguo, las cuales se agrupaban
según la actividad que desempeñaran en su propio barrio.
Asimismo, dice que existían comunidades separadas para
quienes trabajaban el oro y para aquéllos que trabajaban
la plata. Todos los artesanos gozaban de privilegios especiales y tenían su propia deidad, así como sus festividades especiales. Las diferentes artesanías eran ocupaciones
heredadas y los aprendices tenían que someterse a largos
periodos de entrenamiento; además, los conocimientos
no podían transmitirse a personas extrañas a la comunidad. Algunos artesanos trabajaban dentro del palacio,
como sucedió en el caso de Tenochtitlan, donde existía
un lugar especial para las personas que trabajaban la
lapidaria, la plumaria y la joyería. Los cronistas españoles hablan poco de los trabajadores del cobre y del bron-
ce, a pesar de que ellos eran quienes tenían a su cargo la
manufactura de diversos utensilios y la elaboración de
armas, objetos que, en cierta forma, estaban en estrecho
contacto con las actividades del hombre del pueblo.

Los objetos de metal se llevaron a puntos distantes.
Por ejemplo, en el caso de los aztecas, el tributo ocupaba
un lugar muy importante y los tributarios tenían que
recorrer grandes distancias con sus objetos; lo mismo
sucede en el caso de las peregrinaciones, como en Chichén Itzá, o y en las expediciones comerciales. Todas es-

tas formas de contacto constituyen excelentes agentes de difusión y se encuentran bien ilustradas en las fuentes literarias.

Bastante antes de la conquista ya existían redes comerciales en Mesoamérica y en Sudamérica, tanto los mayas como los aztecas tenían una clase especial de comerciantes que se dedicaban exclusivamente al comercio entre zonas lejanas.

Orfebrería

Técnica de la cera perdida

Las piezas más complicadas y más delicadas se hicieron con la técnica de la cera perdida o fundición, y se obtenían con el siguiente procedimiento: el orfebre hacía primero una base de carbón pulverizado mezclado con barro que dejaba secar hasta que se endurecía y después tallaba con una pequeña navaja de metal dándole la forma deseada; más tarde, el joyero usaba cera de abeja purificada mezclada con resina como agente endurecedor, la extendía al tamaño deseado y la colocaba sobre la base. Cualquier corrección del modelo de cera se hacía durante esta etapa, antes de colocar el molde exterior. Una vez efectuada la operación, la cera se cubría con una gruesa pasta de carbón grueso mezclado con arcilla; posteriormente, la base se detenía con clavos de madera o espinas para que no se moviera durante el fundido. En el molde externo se dejaban unas aberturas para permitir que la cera saliera y el metal derretido entrara y reemplazara a la cera. Se dejaba secar por dos días y luego se calentaba en un brasero para que la cera se derritiera y saliera por las aberturas. El oro se derretía en un crisol y se vertía en un molde llenando el espacio que dejaba la cera ya derretida. Cuando ésta se endurecía, aparecía una copia exacta a la hecha originalmente en cera, pero en metal. Para poder sacar el objeto contenido en el interior del molde, éste tenía que romperse.

Generalmente, el modelado en cera se hacía a mano, pero algunas partes, como por ejemplo las alas de los pájaros, se producían en grandes cantidades en moldes abiertos. Esta técnica permitía la elaboración de objetos huecos, como figurillas o pendientes con partes movibles. También se obtenían anillos de filigrana con cabezas de águilas descendentes, pectorales con efigies de deidades, cascabeles (algunos con formas de tortugas), bezotes, mangos de abanicos y otros artículos de joyería. Entre los objetos utilitarios se hacían agujas, hachas y tenacillas, por nombrar sólo algunos.

La pintura azteca

"El pintor, en su oficio, sabe usar de
colores, y dibujar o señalar las imágenes con
carbón, y hacer muy buena mezcla de
colores, y sábelos moler muy bien y mezclar.
El buen pintor tiene buena mano y gracia
en el pintar, y considera muy bien lo
que ha de pintar, y matiza muy bien la
pintura, y sabe hacer las sombras, y los lejos,
y follajes.

El mal pintor es de malo y bobo ingenio y
por esto es penoso y enojoso, y no responde
a la esperanza del que da la obra, no
da lustre a lo que pinta, y matiza mal, todo
va confuso, ni lleva compás o proporción
lo que pinta, por pintarlo de prisa."*

No son muy abundantes los restos pictóricos aztecas
que han perdurado hasta nuestros días; tampoco ha sido
un tema de estudio que haya preocupado a muchos académicos, como es el caso de la escultura.

Los rasgos distintivos de la pintura azteca han sido
definidos a través de los Códices, manuscritos de origen
prehispánico, que desgraciadamente no provienen del
Valle de México, ya que no existe ninguno de la zona

* Fray Bernardino de Sahagún, *Historia General de las Cosas
de Nueva España.*

de habla náhuatl. Por tanto, los lineamientos para su definición han sido extraídos de Códices de origen mixteco, así como a través de manuscritos que datan de unos cuantos años después de la conquista. Algunos de los cánones pictóricos han sido detectados por analogía con la escultura y con otras artes.

En cuanto a las características pictóricas que se encuentran en los manuscritos mixtecos resaltan las siguientes:

Las figuras aparecen en un espacio no definido.

Los *tlacuilos* o pintores no intentaban mostrar una impresión de profundidad pictórica.

Las líneas no tienen un carácter expresivo, no existen variaciones significativas en cuanto al grosor o intensidad de ellas, más bien sirven para enmarcar y definir zonas de color.

Las figuras aparecen pintadas de perfil, o bien se mezclan las representaciones de frente y de perfil a la vez.

Las imágenes se representan de manera convencional.

El Códice Borbónico es una fuente crucial para el entendimiento de la pintura azteca a pesar de ser un documento creado después de 1521 D.C.

La influencia europea, especialmente en la pintura de Códices, puede verse en el énfasis que se hace tanto en el naturalismo, como en las proporciones humanas.

En cuanto a pintura mural azteca, tampoco se cuenta con numerosos ejemplos o con gran variedad de imá-

Mural proveniente del Templo de Tlaloc. Templo Mayor.

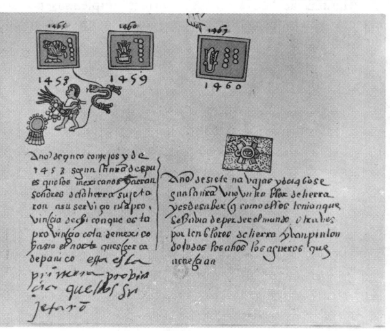

Página del Códice Telleriano Remensis. Epoca Post Conquista. Biblioteca Nacional de París.

genes, pues se conservan fragmentados, excepto unos cuantos murales que decoran el templo de Tlaloc en el Templo Mayor.

Otros ejemplos se encuentran en Tenayuca, Tlatelolco y Malinalco. En este último sitio se encuentra una procesión de guerreros en la denominada Estructura III, es quizá el mejor ejemplar de pintura azteca que sobrevive, por su ejecución y por la calidad de su diseño.

En el Altar de Calaveras de Tenayuca se ve un friso formado por calaveras alternadas con huesos cruzados.

Algunos de estos monumentos fueron decorados con frescos. Este tipo de pintura se remonta, en la parte central de México, por lo menos a la época de los Teotihuacanos.

Algunas de las técnicas pictóricas empleadas por los aztecas aún pueden verse en lo que se ha conservado de su alfarería.

Arte plumario

Es posible que las raíces del arte plumario sean muy antiguas. Aparentemente su práctica se remonta a las culturas del Preclásico superior.

El trabajo con plumas y pieles aparece en el Norte de América desde épocas muy tempranas, pero su pleno desarrollo se produce durante el predominio azteca.

Los trabajadores de plumaria constituyeron una de las más importantes congregaciones del México Antiguo; vivían en el barrio de Amantla, en Azcapotzalco, donde formaban una comunidad independiente. Sólo tenían contacto con los comerciantes (*pochtecas*), que eran sus vecinos. Esta proximidad les brindaba beneficios a ambas comunidades, ya que los amantecas necesitaban abastecerse constantemente de plumas; a su vez, los comerciantes garantizaban la venta permanente de las mismas.

Los comerciantes obtenían las plumas de las zonas tropicales, en especial las del quetzal, que no se encontraban en el Valle de México. Como parte del tributo que tenían que pagar los pueblos sometidos, llegaban a Tenochtitlan grandes cantidades de plumas provenientes de las tierras calientes, aunque también se utilizaban las plumas de los pájaros que vivían en palacio. Así, en el palacio de Moctezuma, había artesanos que trabajaban única y exclusivamente para los menesteres del *tlatoani;* ellos confeccionaban todo tipo de atuendos para danzas, fiestas y otras ocasiones.

Aunque la sociedad azteca era altamente estratificada y las mantas y tocados podían ser usados sólo por las clases dominantes, existían también artistas plumarios que trabajaban para el público en general, decorando escudos y haciendo todo tipo de objetos pequeños, desde abanicos hasta pulseras y borlas.

Manufactura de los mosaicos de pluma

El primer paso del trabajo lo llevaba a cabo el escriba pintando el diseño completo en una hoja de papel de amate; después, el trabajador de plumaria ponía un pedazo de maguey cubierto de pegamento, sobre el que se colocaba un refuerzo de algodón, que se secaba al sol. Posteriormente, se agregaba una capa de pegamento a la parte superior de la tela de algodón y se dejaba endurecer. La superficie del algodón quedaba brillosa y la tela endurecida y seca, por lo que podía desprenderse fácilmente, por este motivo, la base de maguey se podía quitar y colocar como tela de calcar sobre el modelo, que era transferido a la tela endurecida, la cual se reforzaba con un soporte de papel de amate antes de cortar las asperezas del primer modelo o diseño con el "cortador de palo". Al llegar a esta etapa, se colocaba el modelo sobre una tela de algodón, entonces el artista podía hacer la primera capa de plumas, como éstas se encontraban en la base no podían verse por lo tanto en este paso se usaban plumas baratas.

Las plumas se recortaban sobre una tabla con una navaja de cobre, se mojaban en pegamento y se colocaban una por una con una plegadera de hueso. El contorno se hacía con plumas negras y después los motivos principales se decoraban con otras de diferentes colores.

*"Amanteca"; especialista en arte
plumario. Códice Florentino.*

La decoración se comparaba con el modelo original, repitiendo la primera operación en todas las capas hasta llegar a la forma deseada. La parte superior de la obra se decoraba con plumas preciosas, de quetzal, de águila, de colibrí, de loros y de otros pájaros de diversos colores.

Entre los objetos que se hacían con plumas destacaban las rodelas ceremoniales (escudos), como la que se encuentra en Viena, que se cree representa a Ahuitzotl, octavo *tlatoani* mexica. El escudo está hecho con plumas rosas que sirven de fondo, mientras que el jeroglífico del animal está decorado en azul y las garras, los dientes y la piel, delineados con tiras de oro.

El "penacho de Moctezuma" también alojado en el Museo Etnográfico de Viena, es uno de los más bellos ejemplos que se conservan de este tipo de arte. Para su realización se utilizaron plumas de varios colores: azules, encarnadas, plumas verdes de quetzal densamente colocadas (alrededor de quinientas). Es muy probable que el conocido penacho haya formado parte de los regalos que Moctezuma obsequió a Cortés y que el conquistador envió a Europa.

Lamentablemente, la mayoría de los objetos elaborados con plumas se encuentran fuera de México. Hay una hermosa rodela, *ixcoliuhqui chimalli,* "rodela con ojos espirales", descrita por Sahagún, que se encuentra en el Landesmuseum de Stuttgart. Asimismo, se conservan otros ejemplares de arte plumario en Madrid, en el Museo Etnográfico de Roma y en el Museo del Indio Americano, en Nueva York.

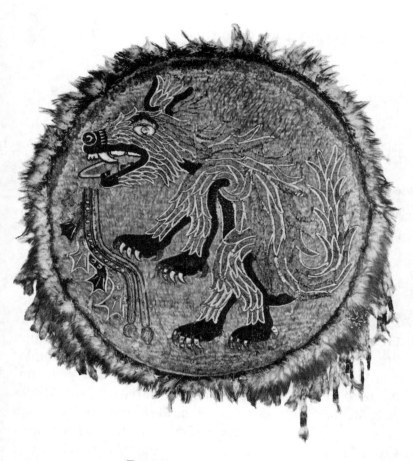

Escudo adornado con plumas preciosas.
Museo Etnográfico de Viena.

El mosaico

Esta manifestación artística se remonta a tiempos muy antiguos. Vaillant encontró pedazos de turquesas correspondientes a la Época Preclásica, los fragmentos estaban pulidos por un lado y descoloridos por el otro, lo que sugiere formaban parte de un mosaico, aunque su base estaba desintegrada.

No se han localizado evidencias de trabajos con mosaico pertenecientes a la Época Clásica pero es muy probable que se hayan realizado puesto que existen muestras anteriores de su práctica. El único ejemplar que se puede mencionar es un recipiente con pequeños discos de ónix incrustados en sus paredes. Estos discos se colocaban antes de la cocción, agregándoles luego una capa de cinabrio. Los dos ejemplos mencionados constituyen las únicas muestras de este tipo de trabajo en la parte central del territorio mexicano.

Habrá que esperar hasta el Postclásico para que aparezca una gran cantidad de referencias históricas, arqueológicas y documentales. Dichos objetos fueron elaborados, sobre todo, por los habitantes del Sureste de México.

La primera noticia del trabajo del mosaico que llegó a Europa fue la llevada en 1518 por los miembros de la expedición de Diego Velázquez comandada por Diego Grijalva. Desafortunadamente, no contamos con una lista completa de esas piezas, sólo existe una enviada por Hernán Cortés en 1519, que menciona escudos, máscaras, orejeras, collares y adornos para los tobillos. En 1525, el propio Cortés envió más objetos a Europa, entre los que había máscaras cubiertas de mosaico, escudos, figuras de animales y otros objetos de sofisticada manufactura.

Las provincias tributarias pagaban su tributo a los aztecas en diferente forma, dependiendo de los productos o del material que poseyeran. El tributo podía pagarse con objetos acabados o con materias primas, por ejemplo, Moctezuma recibía productos de Tehuantepec, especialmente brazaletes con decoraciones de oro y mosaicos.

La turquesa provenía de Zacatecas, aunque fray Bernardino de Sahagún reportó que esta piedra no sólo se obtenía en la parte central de México, sino también en Chiapas y Guatemala.

Manufactura del mosaico

Sahagún, la fuente principal de información del siglo XVI, dejó la siguiente descripción: "Los artífices lapidarios cortan primero el cristal, la amatista, la turquesa, la esmeralda, con arena de sílice y con un metal duro. Y los pulen con pedernal, y los perforan y horadan con un punzón de metal. Luego lentamente tallan su superficie, la desbastan, la enmollecen como plomo y dan a las piedras la última perfección con un palo; con él las pulen y de este modo brillan y echan reflejos de sí. O también con un bambú fino las pulen y con éstos las perfeccionan y acababan su artefacto los lapidarios. La turquesa por no ser dura, nada más con un poco de arena se pule y perfecciona y con ella también se le puede dar el brillo, darle relucencias; con un instrumento especial que se llama 'pulidor de turquesas'. Los fragmentos de turquesas finalmente se montaban en una base de madera o bambú, elaborándose el objeto deseado."

Durante el horizonte Postclásico se intensificó la creación de objetos de turquesa, así, vemos que todo tipo de piezas se cubrían con fragmentos de aquélla, a menudo combinados con piedras coloreadas y con conchas rojas o blancas. Algunos de los mejores ejemplos se han encontrado en territorio mixteca y es muy probable que dicho arte haya sido llevado al Valle de México por artesanos de este lugar.

Los ornamentos de mosaico se aplicaban a máscaras, escudos, yelmos, brazaletes, orejeras, recipientes de madera y cerámica, y hasta a un hueso humano que tenía ranuras para que funcionara como un raspador musical. Los mosaicos también se usaron para hacer objetos combinados con oro y plumas de quetzal y se menciona a un rey de Texcoco que tenía reproducciones en oro y mosaico de cada animal que no pudiera tener vivo en su zoológico particular.

Cortés, cuando se encontró con Moctezuma, adquirió varias de estas piezas y más de veinte de ellas se conservan aún en museos europeos, hay un yelmo, máscaras con ojos y dientes de incrustaciones de concha, cabezas de animales y cuchillos para sacrificio con forma de caballero águila, un adorno para el pecho en forma de serpiente con cabeza doble y escudos de madera decorados con paneles de mosaico. El escudo mejor conservado se encontró en Puebla y se hizo con más de 14 mil fragmentos de turquesa, representa en la parte central una escena mitológica.

Entre los objetos más impresionantes se cuentan las

*Máscara mexica con incrustaciones de conchas
y turquesas. Museo Luigi Pigorini. Roma.*

máscaras-cráneo, de las cuales podemos observar un ejemplo en el Museo Británico, que posee nueve piezas de mosaico; esta es la colección más grande y mejor conservada que existe.

En las excavaciones del Templo Mayor se encontró parte de lo que muy probablemente fue un pectoral de mosaico de turquesa, lo cual demuestra que las provincias tributarias, en este caso la zona de la mixteca, contribuía con mosaico.

La arquitectura

De la arquitectura azteca no quedan muchas construcciones, y de los restos que han perdurado casi todos pertenecen a la arquitectura religiosa. Sin embargo, no se debe ignorar el hecho de que en el Valle de México durante finales del periodo Postclásico, existían construcciones a todo lo largo del Lago de Texcoco y sus dimensiones variaban de pequeñas comunidades a grandes ciudades. Tenochtitlan era por supuesto la ciudad más grande con una población de no menos de 200,000 ó 300,000 habitantes.

Como en otras manifestaciones culturales, los aztecas basaron su arquitectura en los conocimientos de las culturas teotihuacana y tolteca; esta última influenció sobre todo en los detalles arquitectónicos.

Algunos elementos importantes provienen de Tenayuca, y son visibles tanto en Tenochtitlan* como en otros lugares del Valle de México y de Morelos. Entre ellos podemos enumerar los siguientes:

Templos dobles que descansan sobre una sola plataforma.

Escalinatas dobles.

* No se hace referencia en esta sección a la arquitectura de Tenochtitlan ya que ésta se encuentra explicada en la parte correspondiente al Templo Mayor.

Balaustradas dobles, lisas en la parte superior.

Uso del muro de serpientes o *coatepantli*.

Uso del altar de calaveras o *tzompantli*.

En Tlatelolco y en Teopanzolco, estado de Morelos, también se ven las características arriba citadas. El área fue conquistada completamente por Ahuitzotl y se convirtió en una colonia mexica que contaba con un templo doble como el del Templo Mayor.

Tepoztlan

Tepoztlan sufrió la misma suerte que Teopanzolco durante el gobierno de Ahuitzotl y se convirtió también en territorio azteca. El templo de Tepoztlan se encuentra construido en una montaña con un panorama espectacular, su plataforma piramidal es una escultura rectangular que cuenta con una habitación, su interior está decorado en relieve, tanto las paredes como el piso, los motivos decorativos de los relieves son difíciles de interpretar, sin embargo hay rasgos marciales que hacen alusión a Ahuitzotl y a sus conquistas militares.

En una de las paredes del templo se encontró un relieve con jeroglíficos que aluden al octavo *tlatoani* mexica. Este tipo de templo expresaba muy probablemente el poder religioso y político del Imperio Azteca en un territorio conquistado.

Malinalco

Este sitio se encuentra parcialmente esculpido en la roca, y es uno de los centros aztecas mejor conservados.

La cultura tolteca influyó notablemente en la arquitectura azteca. Detalle del **Altar-T**zompantli del Templo Mayor de la Gran Tenochtitlan.

Interior de la estructura **I** de Malinalco con la representación de un jaguar y tres águilas esculpidas en piedra.

El complejo arquitectónico consta de siete estructuras de las cuales cuatro son de construcción circular, forma poco común dentro de la arquitectura azteca. En la Estructura III se encuentra el fragmento de la pintura mural del que se habla en la sección de pintura.

El edificio más impresionante de Malinalco es el denominado Estructura I. Tiene la forma de un templo y se encuentra esculpido en su mayor parte en la roca. La entrada de acceso al templo ostenta la forma de la boca de una serpiente en bajo relieve. Su interior es de forma circular y al entrar se ven un jaguar y tres águilas de las cuales una está colocada en el piso del templo. Los cuerpos de los animales parecen haberse esculpido para servir como asientos. Debido a la presencia tanto de las águilas como del jaguar (las dos órdenes militares aztecas más importantes) se ha interpretado el templo como un edificio dedicado al culto guerrero.

Malinalco es otro ejemplo del poderío azteca fuera del área del Valle de México.

Tetzcotzingo

Se localiza en una pequeña colina al Sureste de Texcoco. Este sitio es uno de los más bellos dentro de la Cuenca de México, tanto por sus construcciones como por su paisaje; abundan todo tipo de árboles frutales y en tiempos de Nezahualcoyotl se sabe que albergaba todo tipo de pájaros y de flores, de modo que Tetzcotzingo era un altar-jardín.

Se piensa que este sitio se empezó a construir cuando Nezahualcoyotl celebró su 52 aniversario.

Entre las construcciones se encuentran las fuentes popularmente conocidas como "El Baño de la Reina y el Baño del Rey", ejecutados en la roca misma. Estas fuentes fueron muy probablemente utilizadas en ocasiones rituales.

Rodeando la colina hay un camino con escalinatas que conducen a los templos en diferentes niveles. Existen tres templos labrados en la roca de los que sólo se conservan restos de las paredes. Originalmente existieron esculturas en relieve de las que ahora sólo se conservan fragmentos.

Calixtlahuaca

Se encuentra situado en el Valle de Toluca. Estuvo habitado por los matlatzincas y fue un centro que estuvo aliado a los tepanecas y después a los aztecas. Su arquitectura también refleja el dominio azteca.

El edificio más impresionante de Calixtlahuaca es una pirámide de planta circular dedicada a Ehecatl, el dios del viento. Quizá esta forma de construcción fue empleada por ofrecer menos resistencia al viento. En este edificio se encontró una estatua de Ehecatl, lo que lleva a identificar esta estructura como un templo del dios del viento.

Los edificios circulares eran bastante comunes durante el periodo Preclásico, durante el Clásico parecen ser menos constituidos y durante el periodo Postclásico vuelven a tener un resurgimiento. Existen pirámides circulares en varios centros del Imperio Azteca. Durante las excavaciones del metro se encontró una construcción de base cuadrada y sobre ésta una estructura circular en la que había una escultura que representa a un mono relacionado también con el culto a Ehecatl.

Tenayuca

La pirámide de Tenayuca en el Norte de la Ciudad de México fue un centro asociado con los chichimecas especialmente, se sabe que la pirámide doble fue agrandada y remodelada ocho veces durante los periodos tolteca, chichimeca y azteca. Hacia el tiempo de la conquista la pirámide había aumentado su tamaño original dos veces por lo menos.

Los arqueólogos que excavaron este sitio encontraron las construcciones más tempranas, una construida encima de la inmediata anterior, y la que ahora se ve, la penúltima, construida con una escalinata doble y rodeada por tres lados por un *coatepantli*.

La última estructura tenía serpientes adosadas a las paredes. Una de ellas de azul y de negro, posiblemente relacionada con los templos dobles, el azul asociado con Tlaloc y el negro con Mixcoatl, el líder tribal chichimeca.

Santa Cecilia Acatitlan

Se encuentra localizada a tres kilómetros de Tenayuca. Cuenta con una sola pirámide y en su parte más alta conserva un altar para los rituales que se llevaban a cabo. Este templo está muy reconstruido, con una sola habitación y una ancha entrada de acceso.

La decoración de la pirámide de Tenayuca está compuesta por cabezas de serpientes.

168 — ELIZABE   BAQUEDANO

El Códice Mendoza y el tributo

Este Códice fue preparado a instancias del primer virrey de la Nueva España, don Antonio de Mendoza, quien gobernó de 1535 a 1550. El manuscrito tenía como objeto familiarizar al emperador Carlos V con los asuntos de la recién establecida Nueva España, para este fin se comisionó a un *tlacuilo* (pintor indígena) para que hiciera el trabajo usando el sistema pictográfico de escritura; y un sacerdote español, familiarizado con la lengua Nahuatl, escribió una explicación detallada del contenido del libro.

El Códice consiste de setenta y un folios organizados en tres partes. La primera parte es una copia de una antigua crónica mexicana que desgraciadamente no se conservó y que contenía la historia año a año de los gobernantes de Tenochtitlan, así como una lista de las ciudades sojuzgadas desde la fundación de México-Tenochtitlan hasta el establecimiento de los españoles en 1521.

La segunda parte es una copia de un antiguo documento conocido como la Matrícula de Tributos de Moctezuma y que ahora se conserva en el Museo Nacional de Antropología e Historia, en la Ciudad de México. Esta matrícula se encuentra escrita en papel de maguey, pintada en ambas caras, y contiene una cuenta detallada del tributo que pagaban más de 400 ciudades a Moctezuma. En este documento se aprecian los glifos de las ciudades, la forma en la que se pagaba y la frecuencia

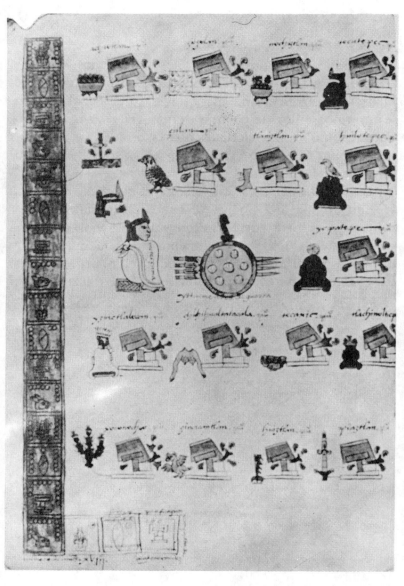

Página del Códice Mendoza con referencias a los tributos que debían pagar las regiones conquistadas por los mexicas.

con la que se adquiría; por ejemplo, vemos cómo el tributo se pagaba en ocasiones en cascabeles de cobre, piedras de turquesa, máscaras, incienso de copal, caracoles marinos, hilos de cuentas verdes (*chalchihuitl*). Productos como los mencionados aparecieron en las ofrendas del Templo Mayor lo cual demuestra la presencia tributaria de Tenochtitlan.

La tercera parte es, estrictamente hablando, la única sección original del Códice ya que fue especialmente escrita para el virrey de Mendoza; cubre la vida cotidiana de los aztecas desde el nacimiento hasta la muerte, haciendo especial referencia a la educación de los niños. En el Códice aparecen los signos numéricos ilustrados en la página.

Glosario

Centeotl (*centli* = maíz, *teotl* = dios), dios del maíz y de la personificación de la planta del mismo nombre. Ver también Chicomecoatl y Xilonen.

Chac Mool, figura recostada que sostiene un recipiente usado para contener ofrendas de sacrificios. Los Chac Mooles aztecas están inspirados en prototipos toltecas pero a diferencia de ellos los aztecas se caracterizan por mucho mayor realismo y abundancia en detalles simbólicos.

Chalchiuitl (piedra preciosa), la palabra *chalchiuitl* poseía una gran gama de significados para el hombre mesoamericano, significaba el jade, lo más preciado por el hombre de la época precolombina; simbolizaba la sangre, y el artista azteca usaba a menudo círculos, como metáforas para representar la sangre.

Chalchiuhtlicue (Nuestra Señora de la Falda de Jade: *chalchiuitl* = jade, *cueitl* = falda), compañera de Tlaloc. En algunas fuentes se le considera su hermana, en otras aparece descrita como su esposa. Chalchiuhtlicue era la diosa de los ríos y de los lagos, patrona de los pescadores y de todas las personas que se ganaban la vida gracias al agua.

Chicomecoatl (Siete Serpiente), la diosa del Mantenimiento, representaba al maíz maduro y era una de las deidades más importantes del panteón azteca.

Coatlicue (Nuestra Señora de la Falda de Serpientes: *coatl* = serpiente), madre de Huitzilopochtli. Se le conocía como "nuestra madre" y "madre de los dioses"; diosa de la tierra y de la fertilidad.

Cihuapipiltin (Princesas) y *Cihuapilli* (Princesa), espíritus macabros de mujeres que habían muerto en el parto.

Coyolxauhqui (Nuestra Señora de los Cascabeles de Oro: *coyaulli* = cascabel, *xauhqui* = adorno pintado), hija de Coatlicue. Hechicera malévola y hermana de Huitzilopochtli, decapitada y desmembrada por él en el momento de nacer; generalmente se le representa con cascabeles en las mejillas. Coyolxauhqui era también la diosa de la luna.

Cuauhxicalli (vasijas del águila), recipientes que se usaban para contener ofrendas; se piensa que en éstos se colocaban la sangre y los corazones de los sacrificados relacionados con el culto al dios solar.

Ehecatl (viento en náhuatl), el dios antiguo del viento y un aspecto importante de Quetzalcoatl. Normalmente se le representa con una especie de máscara bucal con un gran pico; este dios tenía asociaciones con el viento, la lluvia y la fertilidad.

Huehueteotl (El Dios Viejo: *huehue* = viejo, *teotl* = dios), el dios más antiguo de la religión mesoamericana; dios del fuego, también conocido como Xiuhtecuhtli.

Huitzilopochtli (Colibrí del Sur), el dios tribal de los aztecas que de acuerdo a la leyenda, guió a los aztecas desde Aztlan hasta su establecimiento en Tenochtitlan. Se le asociaba especialmente con el culto militar. Se le representaba con un tocado en forma de colibrí y el cuerpo y la cara pintados de azul con franjas horizontales y amarillas en la cara. Huitzilopochtli era hijo de Coatlicue.

Macehualli (los escogidos o merecidos, pl. macehualtin), este nombre fue el que Quetzalcoatl les dio en el momento de crear a los hombres. El concepto llegó a tener la acepción de gente del pueblo.

Mictlan, el inframundo azteca, se creía que estaba ubicado en el Norte, regido por el dios y la diosa de la muerte, Mictlantecuhtli y Mictlancihuatl.

Mictlantecuhtli (El Señor de los Muertos, *mictlan* = el inframundo, *tecuhtli* = señor), dios de los muertos que junto con Mictlancihuatl, regía en el Mictlan. Generalmente es representado en forma calavérica, ya sea todo el cuerpo o nada más el rostro.

Mictlancihuatl: la consorte de Mictlantecuhtli.

Ollin (temblor o movimiento), 4 temblor o 4 movimiento *nahui ollin,* era una fecha importante en el calendario azteca y era también el nombre que recibía el quinto sol o la quinta era del mundo. El fin de esta era se creía que iba a suceder en un año que terminará en la fecha 4 movimiento. Este quinto sol del mundo se creía que estaba presidido por Tonatiuh, el dios del sol, y por consiguiente el glifo *ollin* se encuentra representado en muchos monumentos pero especialmente en aquellos dedicados o relacionados con el culto solar.

Ometecuhtli (Nuestro Señor de la Dualidad, *ome* = dos, *tecuhtli* = señor). De acuerdo a la mitología, los hijos de Ometecuhtli eran los cuatro dioses que crearon al mundo y al hombre. Ometecuhtli también se le conocía como Señor de Nuestro Mantenimiento (Tonacatecuhtli, *tonacatotl* = alimento).

Omecihuatl (también conocida como Tonacacihuatl), la consorte de Ometecuhtli.

Quetzalcoatl (Serpiente Emplumada, *quetzal* = pluma, *coatl* = serpiente), una deidad importante con varios aspectos y atributos; también uno de los dioses creadores, dios de las artes, arquetipo de los sacerdotes, etc.

Tezcatlipoca (Espejo Humeante, *tezcatl* = espejo, *popoca* = fumar), dios supremo del panteón azteca, generalmente se le representa pintado de negro con franjas horizontales y amarillas en la cara y un espejo humeante que sustituye uno de sus pies o aparece colocado en la sien. A Tezcatlipoca se le relaciona con la magia, con la noche y con el jaguar.

Tlaltecuhtli (Dios de la Tierra), monstruo de la tierra. Se le representaba como una criatura grotesca, con las piernas abiertas, con garras en los pies y en las manos; existen varios relieves de Tlaltecuhtli sobre todo en las bases de las esculturas.

Tlaloc (El que hace crecer las cosas), uno de los dioses mesoamericanos más antiguos de la fertilidad. Tlaloc era el dios del agua en general, y Señor del Tlalocan, el paraíso del Sur.

Tonatiuh, el dios del sol, también se le asociaba con Huitzilopochtli y con el águila. La figura central del llamado "Calendario Azteca" representa a Tonatiuh, quien en lugar de lengua tiene un cuchillo, símbolo del sacrificio.

Tlazolteotl (La comedora de las inmundicias), una de las diosas más importantes de la tierra y de la fertilidad.

Tzompantli (altar de cráneos), servía para exhibir los cráneos de las víctimas de sacrificio. También se hacían representaciones escultóricas de los *tzompantlis,* como el encontrado en las excavaciones de Templo Mayor.

Xilonen (*xilotl* = mazorca tierna, *nenen* = muñeca), diosa del maíz tierno.

Xipe Totec (Nuestro Señor el Desollado), dios de la fertilidad con fuertes connotaciones militares. Generalmente se le ve representado portando la piel de la víctima desollada. Xipe Totec era también el dios de la primavera y el patrono de los joyeros, así como uno de los dioses creadores.

Xiuhcoatl (Serpiente de Fuego: *xiuh* = fuego, *coatl* = serpiente), esta serpiente está cercanamente asociada con el mito del nacimiento de Huitzilopochtli, ya que con ésta pudo matar a su hermana Coyolxauhqui y a sus hermanos los Cuatrocientos Surianos.

Xiutecuhtli (*xiuh* = fuego, *tecuhtli* = Señor), dios del fuego. Ver también Huehueteotl.

Xochiquetzal (*xochitl* = flor, *quetzal* = pluma), diosa de las artesanías y de las tareas domésticas en general; de las flores, de la belleza y del amor.

Xochipilli (*xochitl* = flor, *pilli* = príncipe), compañero de Xochiquetzal, dios de las flores, de la música, de los juegos y de las artesanías. Xochipilli tiene también algunas asociaciones solares.

Xolotl, dios de los gemelos, es generalmente representado con cabeza de perro pero acompañado de los atavíos de Quetzalcoatl.

Bibliografía

ANAWALT, Patricia Rief, *Indian Clothing Before Cortes: Meso-american Costumes from the Codices.* University of Oklahoma Press, Norman 1981.

BAQUEDANO, Elizabeth, *Aztec Sculpture,* British Museum Publications Ltd., London, 1984.

BERDAN, Frances, *The Aztecs of Central Mexico: An Imperial Society,* Holt, Rinehart and Winston, New York, 1982.

BRAY, Warwick, *Everyday Life of the Aztecs,* B. T. Batsford Ltd., London, 1968.

CODEX BORBONICUS, Codex Borbonicus. In Codices Selecti, vol. 44. Graz: Akademische Druck U. Verlagsanstalt, 1974.

CODEX MENDOZA, Codex Mendoza. James Cooper Clark, ed., 3 vols. London: Waterlow and Sons, 1938.

DAVIES, Nigel, *The Aztecs,* Abacus, London, 1977.

GUTIÉRREZ SOLANA, Nelly, *Objetos ceremoniales en piedra de la escultura mexica,* México, Universidad Nacional Autónoma de México, 1983.

JIMÉNEZ MORENO, Wigberto, *Historia Antigua de México,* Publicaciones de la Sociedad de Alumnos de la Escuela de Alumnos de la Escuela Nacional de Antropología e Historia No. 1, 1953.

——, *HISTORIA DE LOS MEXICANOS POR SUS PINTURAS,* Historia de los Mexicanos por sus Pinturas, publicada en Nueva Colección de Documentos para la Historia de México, Ed. Salvador Chávez, México, 1941.

LEÓN PORTILLA, Miguel, *México-Tenochtitlan: su espacio y tiempo sagrados,* México, Instituto Nacional de Antropología e Historia, 1978.

——, *El Templo Mayor,* México, Bancomer, 1981.

MARGAIN, Carlos R., *Pre-Columbian Architecture of Central Mexico,* en Handbook of Middle American Indians, vol. 10, pp. 45-91, Austin, University of Texas Press, 1971.

MATOS MOCTEZUMA, Eduardo, *Una visita al Templo Mayor de Tenochtitlan,* INAH, México, 1981.

NICHOLSON, Henry B., *Religion in Pre-Hispanic Central Mexico*, en Handbook of Middle American Indians, vol. 10, pp. 395-446. Austin, University of Texas Press, 1971.

NICHOLSON, Henry B., *Major Sculpture in Pre-Hispanic Central Mexico*, en Handbook Middle American Indians, vol. 10, pp. 92-134, Austin, University of Texas Press, 1971.

E. QUIÑONES, Keber, *Origins of Religious Art and Iconography in Preclassic Mesoamerica*, UCLA, Latin American Center Publications, 1976.

——, *Art of Aztec Mexico: Treasures of Tenochtitlan*, Washington, National Gallery of Art, 1983.

PASZTORY, Esther, *Aztec Art*, New York, Harry N. Abrams, Inc., 1983.

SAHAGÚN, Bernardino de, *Historia General de las Cosas de Nueva España*, 4 vols. México, Ed. Porrúa, 1956.

——, *Florentine Codex: General History of the Things of New Spain*, translated from the Nahuatl by A. J. O. Anderson and C. E. Dibble, 13 vols. Monographs of the School of American Research, Santa Fe, New Mexico, 1950-71.

SOUSTELLE, Jacques, *La vida cotidiana de los aztecas en vísperas de la conquista*, México, FCE, 1974.

——, *El Universo de los aztecas*, México, FCE, 1983.

TOWNSEND, Richard F., *State and Cosmos in the Art of Tenochtitlan*, Studies in Pre-Columbian Art and Archaeology, No. 20, Dumbarton Oaks, Washington, D.C., 1979.

UMBERGER, Emily G., *Aztec Sculptures, Hieroglyphs and History*, Ph. D. dissertation, Department of Art History and Archaeology, Columbia University, New York, 1981.

Impreso en:
Impresora Múltiple, S.A. de C.V.
Saratoga No. 909 Col. Portales
03300 - México, D.F., Marzo 2003